Yolanda Cadalbert-Schmid · Sind Mütter denn an allem schuld?

W0108340

Yolanda Cadalbert-Schmid

Sind Mütter denn an allem schuld?

Kösel

4. Auflage 1993, 14.–17. Tausend
© 1992 by Kösel-Verlag GmbH & Co., München
Printed in Germany. Alle Rechte vorbehalten
Druck und Bindung: Kösel, Kempten
Umschlag: Elisabeth Petersen, Glonn
Umschlagfoto: G+J Fotoservice/Seer
ISBN 3-466-30329-X

4 5 6 7 8 · 97 96 95 94 93

Gedruckt auf umweltfreundlich hergestelltem Werkdruckpapier
(säurefrei und chlorfrei gebleicht)

Inhalt

Vorwort

Kennen Sie die Geschichte von den beiden Ziegenböcken? Sie stammt aus der Bibel. Einmal im Jahr wollte sich das israelitische Volk mit seinem Gott Jahve versöhnen. Zu diesem Zweck holte es sich einmal im Jahr zwei Ziegenböcke ins Offenbarungszelt. Nun zog man das Los über beide Tiere. Der vom Gott Jahve auserwählte Ziegenbock wurde geschlachtet und Gott geopfert. Der verbliebene Ziegenbock wurde zum Sündenbock bestimmt und der Unterwelt geweiht (oder Asasel, dem Unterweltgott, der früher der Ziegenbockgott der semitischen Hirten war). Der Hohepriester legte seine Hände auf den Kopf des Ziegenbocks und begann, alle Sünden seines Volkes aufzuzählen und diese dem geduldig wartenden Bock aufzubürden. Nachdem der Hohepriester fertig war mit der Sündenübertragung, wurde der Sündenbock aus dem Zelt geführt und in die Wüste geschickt. Das Volk blieb zurück mit dem beruhigenden Gefühl, ›rein‹ von der Sünde zu sein.

Wir sind uns heute dieses Hintergrunds kaum mehr bewußt, wenn wir vom Sündenbock sprechen.

Den Sündenbock haben wir zwar nicht mehr als öffentliche Institution, aber die Rolle des Sündenbocks gibt es nach wie vor. Die Gemeinschaft findet immer noch willkommene Opfer, die sie für alles denkbare Schlechte oder Unbegreifliche verantwortlich machen kann. Durch die Ausgrenzung der Sündenböcke verschafft sich der Rest der Gesellschaft das Gefühl der Rechtschaffenheit und Unschuld. (Traurige Beispiele sind die Hexen- und Judenverfolgungen aus der Vergangenheit oder der neu aufkommende Ausländerhaß der heutigen Zeit.)

In der Psychologie hat sich im 20. Jahrhundert unverkennbar ein vielseitig einsetzbarer Sündenbock herauskristallisiert: die Mutter.

Und dankbar scheint die moderne Gesellschaft diese Sündenbockfunktion der Mutter akzeptiert zu haben.

Weil die Mutter heute mit dem Kleinkind jahrelang in engster Körper- und Geistesfühlung lebt, wird sie unterschwellig auch für das lebenslängliche körperliche und seelische Wohlbefinden ihres Kindes verantwortlich gemacht. Fühlt sich eine Mutter dann in der Folge auch schuldig, gehört sie zu den zum Sündenbock gestempelten Personen, die sich mit ihrer Rolle identifizieren, und dies kann letztendlich dazu führen, daß sie sich selbst verneint und ihr Verhalten durch Schuldgefühle bestimmen läßt.

Dieses Buch will die Frage, weshalb Mütter unter Schuldgefühlen leiden, vom Standpunkt der Mutter aus beleuchten, die in der Praxis täglich in der Zwickmühle zwischen Erwartungen und Idealbildern der fachlichen Autoritäten aus den psychologischen, medizinischen und pädagogischen Bereichen eingeklemmt ist und ihre im Alltag gemachten Erfahrungen und ihre eigenen Bedürfnisse als Individuum und Mutter dadurch immer wieder in Frage gestellt sieht.

Schuldgefühle entstehen durch das Gefühl, Erwartungen (auch eigene) nicht erfüllen zu können.

In diesem Buch versuche ich, einige auffällige Widersprüche nachzuzeichnen; diejenigen, die meiner Meinung nach am stärksten mit dem Muttersein zusammenprallen. Widersprüche im Alltag, im politischen, kulturellen und psychologischen Bereich.

Im ersten Teil gehe ich auf die heute gelebte Situation der Frauen und Mütter ein, auf die Erwartungen, die in sie und in ihr Verhalten im Alltag gesetzt werden.

Eilige, die dies nicht interessiert (oder die es schon zur Genüge kennen), können auch direkt beim zweiten, historischen Teil mit der Lektüre beginnen.

In diesem zweiten Teil versuche ich, durch eine historische Rückblende die Entstehung des heutigen Mutterbildes nachzuzeichnen und einige Hintergründe für die Schuldgefühle der Mütter aufzuzeigen.

Im dritten Teil werde ich auf Erziehungsexperten und ihren Einfluß auf unser mütterliches Selbstwertgefühl zu sprechen kommen. Wären die Vorwürfe gegen die Mütter Steine, lägen alle Mütter erschlagen unter einem riesigen Schutthaufen begraben. Sie wären sichtbar so blockiert und wehrlos, wie es viele Mütter in der Wirklichkeit sind, die die meisten Vorwürfe und Erwartungen verinnerlicht haben und kaum mehr in Frage stellen.

Dieses Buch soll Müttern ihr ständig schlechtes Gewissen erleichtern (es ihnen zu nehmen ist vermutlich kaum möglich). Es will Müttern aufzeigen, daß ihr eigener mütterlicher Einfluß auf die gesunde Entwicklung und auf die Erziehung ihres Kindes nur *einen* unter vielen anderen wichtigen Einflußfaktoren darstellt. Dies mag für einige vielleicht kein angenehmer Gedanke sein, da wir Mütter uns schließlich auf unseren ›guten‹ mütterlichen Einfluß einiges einbilden. Wenn dieses Buch es schafft, den Müttern Argumente in die Hand zu geben, mit denen sie überhöhte Erwartungen (auch die eigenen) abbauen können und mit denen sie den Erpressungen der Umgebung, nicht zuletzt von seiten ihrer eigenen Kinder, besser Widerstand entgegensetzen können, dann ist sein Zweck erfüllt.

Basel, im Januar 1992   *Yolanda Cadalbert-Schmid*

Dank

Mein ganz besonderer Dank gehört Christine Stingelin für ihre Mithilfe bei der Erarbeitung des Konzepts, Christine Flitner und Lisa Helmig-Keller für ihre intensive und kritische Auseinandersetzung mit meinen Texten, ihre Geduld, ihre Aufmunterung und uneingeschränkte Verfügbarkeit während der gesamten Arbeit an diesem Buch. Auch Regina Wildberger und Katka Räber-Schneider sei hier herzlich gedankt fürs Korrigieren, Lesen und Mutmachen. Sie alle halfen mir dabei, sprachliche Neuschöpfungen oder Umständlichkeiten zu verdeutschen, die sich durch meine rätoromanische Muttersprache eingeschlichen haben.

Ein spezieller Dank geht an Dr. Cécile Ernst, Psychologin und Ärztin an der psychiatrischen Universitätsklinik Zürich, und Dr. Regina Wecker, Historikerin und Lektorin der Universität Basel, für ihre Bereitschaft, mein Manuskript im Zusammenhang mit psychologischen bzw. historischen Fachfragen zu überprüfen.

Nicht zuletzt möchte ich Dank sagen an alle Mitmütter, Freundinnen, Freunde und Nachbarinnen für ihre Unterstützung in Form von Kinderhüten, Mittagessen, Diskussionen, Ideen und Aufmunterung. Meine engsten Familienangehörigen, vor allem meine Kinder Silvana (9) und Giaco (11) und mein Lebenspartner Christian Schmid-Cadalbert, akzeptierten ohne (zuviel) Murren, daß eine Arbeit wie das Fertigstellen dieses Buches nicht ›unbemerkt‹ an der Familie und der Haushaltsarbeit vorbei erledigt werden kann. Auch ihnen sei für ihre Selbständigkeit, Toleranz und für das aktive Mitmachen gedankt.

Ein nicht unwichtiger Dank geht an Dagmar Olzog, Lektorin des Kösel-Verlags, deren Angebot und Aufforderung »Wären nicht Sie die richtige Autorin für das Buch, auf das Sie warten?«, ›schuld‹ daran ist, daß dieses Buch entstand, und an die Lektorin Michaela Breit für die gute und unkomplizierte Zusammenarbeit.

TEIL 1

Das Jahrhundert der Gleichberechtigung: Ernüchterung

1 Das alltägliche Schuldgefühl

Liebe Leserin, kennen Sie Sätze wie:

>»Für alle hast du Zeit, nur für mich nicht!«
>»Mich hast du nie so geliebt wie …«
>»Das verbietest du mir nur, weil du neidisch bist.«
>»Es gibt schon wieder kein Klopapier.«
>»Hier sollte man auch wieder mal abstauben.«
>»Gehst du heute schon wieder fort?«
>»Kopfweh? In dem Fall ist heute wohl wieder nichts
>mit Zusammenschlafen?«
>»Ist dir deine alte Mutter so gleichgültig,
>daß du mich nie anrufst?«
>»In der letzten Zeit scheinen Sie mit Ihrem Kopf
>nicht besonders bei der Arbeit zu sein.«
>»Ihr Frauen beklagt euch immer,
>daß wir Männer die Politik bestimmen,
>aber wenn es darum geht, die Quoten
>auf den Wahllisten zu erfüllen,
>da findet man nicht genug Frauen.«

Und so weiter, und so weiter…

Erinnert Sie die eine oder andere dieser Aussagen an etwas Bekanntes in Ihrem Alltag? Oder treffen gar alle Bemerkungen bei Ihnen auf einen wunden Punkt? Dann sind Sie der Sündenbock par excellence. Denn ausgerechnet in der Tatsache, daß Sie sich schuldig fühlen, sehen andere einen Beweis, daß Sie sich etwas zuschulden kommen ließen. Nach dem Motto: Es gibt kein Feuer ohne Glut! Sie haben als Frau und Mutter viele Möglichkeiten, täglich auf mehreren Ebenen zu scheitern, denn die Fettnäpfchen, in die Sie täglich treten können, die Unterlassungssünden, die auf Ihr Konto gehen, sind breit gestreut. Sei es im Haushalt, sei es bei Ihren Kindern, sei es bei Ihrem Liebes-

und/oder Lebenspartner, sei es bei den Eltern oder Schwiegereltern, sei es in der Schule, am Arbeitsplatz, bei den Nachbarn, beim Verein, bei dem Sie Mitglied sind (oder eben nicht, obwohl alle dies von Ihnen erwarten): es gibt unzählige Situationen, in denen Sie ein schlechtes Gewissen entwickeln können.

Und wenn es sich mit der Zeit herausstellt, daß sich Ihr Kind im Leben nicht problemlos zurechtfindet, dann wissen alle, wo die Schuld zu suchen ist. Natürlich bei der Mutter! Schließlich war sie diejenige, die sich zuerst jahrelang um das Kind gekümmert hat – oder eben nicht da war. Für beide Arten von Müttern gibt es die geeignete Theorie der Schuldzuweisung.

Leidet eine Mutter unter schweren Schuldgefühlen, so hörte ich neulich eine Psychologin öffentlich erklären, dann hat diese Mutter ihre eigene anale Phase nicht gut überwunden.

Doch aufgepaßt! Hätten Sie als Mutter *kein* schlechtes Gewissen, würde man Ihnen selbstverständlich auch nicht trauen! In diesem Falle wird Ihnen vorgeworfen, rücksichtslos zu sein, Ihre Kinder zu wenig zu lieben und mit Ihrer Ichbezogenheit nicht imstande zu sein, sensibel auf die Bedürfnisse Ihrer Familie zu reagieren.

Sind Sie vielleicht sogar eine von diesen Müttern, die ihr Kind nicht aus der Hand geben wollen, es zu sehr beschützen? Auch hier hat die Psychologie eine Erklärung bereit: Sie überdecken Ihre feindseligen Gefühle Ihrem Kind gegenüber mit Übereifer, oder Sie klammern sich zu sehr an Ihre Kinder, weil Sie sich selbst im Grunde nach Zuwendung sehnen. Sie können es drehen, wie Sie wollen, die Mutter ist immer schuld!

Die Beweiskette für mütterliches Versagen reicht heute weit in die Medizin hinein, ob es sich um ein problematisches oder um ein asthmatisches Kind handelt, ob das Kind an Ekzemen, Drei-Monats-Koliken oder Schlaf-Störungen leidet, ob es sich um drogensüchtige, selbstmordgefährdete, gewalttätige, psychopathische, sexuell gestörte oder neurotische Erwachsene handelt – die Ursache ist schnell gefunden, im *pathogenen Faktor Mutter!*

Als ich vor einiger Zeit am Radio hörte, die Mutter sei der wichtigste pathogene Faktor, verschlug es mir die Sprache!

Der Begriff ›pathogener Faktor‹ im Zusammenhang mit ›Mutter‹

bewog mich, mich intensiver mit der Schuldfrage von Müttern zu beschäftigen, und zwar explizit vom Standort der betroffenen Mutter aus. Das Lexikon erklärt den Begriff ›pathogen‹ mit ›krankheitserzeugend‹.

Nun, *ich* soll als Mutter also der wichtigste krankmachende Faktor für mein Kind sein?

Solche Unterstellungen machen *mich* krank!

Da betoniert man alles zu, was lebensfreundlich und natürlich für ein Kind wäre, engt den Lebensraum des Kindes ein und steckt es in ein steriles Wohnghetto, wo es, wie noch nie zuvor in der Menschengeschichte, nur von *einer* einzigen Person betreut wird, eben der Mutter, und mit dieser tagelang – jahrelang allein ist.

Mutter und Kind sind einander ausgeliefert.

Abends und am Wochenende kommt ein müder Vater dazu. Man imitiert die früher für ein Kind selbstverständlichen alltäglichen Lebenserfahrungen durch Spielzeug und Attrappen, Spielgruppen und Müttertreffs, ersetzt naturwüchsige Halden und Bäche durch sterile Spielplätze und sterile Hinterhöfe.

Das kleinere Kind darf keinen Augenblick allein gelassen werden, kann kaum unbeobachtet, geheim Dinge ausprobieren, weil alles – jeder Ort und jede Sache, die es berührt – zu gefährlich ist. Später wird der Mutter, die mit derselben Gründlichkeit, mit der sie früher ihre Berufsarbeit ausführte, auch diese mütterliche Fürsorglichkeit perfektioniert hat, vorgeworfen, ihr Kind ›überbemuttert‹ zu haben.

Gleichzeitig macht man die Schwangerschaft zu einer Krankheit und die Geburt zu einer Frage der Technik und nimmt der Mutter in diesem Fall jede Verantwortung und Entscheidungsmöglichkeit ab. Dafür wertet man aber andererseits die Verantwortung der Mutter für das Kind fantastisch auf. Zwangsläufig kann diese zerbrechliche Konstellation irgendwann nicht mehr tragfähig sein.

Da fragt sich nur, *wer* hier pathogen ist!

So traurig es ist: Auf jedem anderen Gebiet haben Frauen heute mehr Fortschritte gemacht als in der Mutterfrage. Immer noch sind wir Mütter wie gelähmt von Schuld und Angst, etwas falsch zu machen. Immer haben wir das Gefühl, unsere Füße auf Schritt und Tritt in ein Fettnäpfchen nach dem anderen zu setzen. Die Kinder-Experten-Industrie floriert inzwischen prächtig!

Bestimmt wohlgemeint sind Ratschläge wie: »Einfühlsame Mütter lassen sich vom Verhalten ihres Kindes leiten. Sie wissen genau, wann sie gebraucht werden und wann sie sich zurückhalten sollen.«[1] Solche Ansprüche können aber besonders den pflichtbewußten Müttern schwere Schuldgefühle machen, weil es in all den langen Jahren der alltäglichen Erziehungsarbeit nicht immer so klar spürbar ist, ob das Kind nun unbedingt Hilfe braucht oder nicht. Da kann die Mutter noch so einfühlsam sein.

Es geht nicht darum, sich im Trend des ›Anti-Edukationalismus‹ (Ablehnung der Pädagogik als Wissenschaft) über wissenschaftliche Experten zu mokieren. Es geht in dieser Frage eher darum, auch solche ›Autoritäten‹ als das zu nehmen, was sie sind: als Menschen! Sie lassen sich von Kultur, Ideologie oder Zeitgeist beeinflussen und sind deshalb nicht gefeit gegen Vorurteile und Fehlinterpretationen.

Experten sind Menschen, die sich längere Zeit mit einer Sachfrage beschäftigt haben und aus ihren Erfahrungen, ob theoretischer oder praktischer Natur, ihre Meinungen und Theorien gebildet haben. Und diese Meinungen sind innerhalb der Fachwelt bei gleichen Ausgangsdaten oft diametral entgegengesetzt und können sich innerhalb kurzer Zeit wieder ändern.

Auch Mütter sind Expertinnen, auch sie haben ihre Erfahrungen gemacht und haben sich intensiv mit Kindern auseinandergesetzt. Man sollte sie dementsprechend ernst nehmen.

Mit dem heutigen Wissensstand muß man sich fragen, ob die Bedeutung der frühen Kindheit unter dem Einfluß von Psychoanalyse, Bindungstheorien und Deprivationsforschung nicht überbewertet worden ist und dadurch kritische Entwicklungsphasen in der späteren Kindheit und Pubertät, die ebenso wichtig sind, übersehen wurden. Wie ein Mädchen oder ein Junge sich in der Pubertät erleben, welche Reaktionen die pubertierenden Jugendlichen gegenseitig beim anderen Geschlecht auslösen und wie sie ihrem Leben einen Sinn geben, eingeklemmt zwischen Kindheit und Erwachsensein, ist nicht einfach ein Ergebnis mütterlicher Behandlung.

In dieser Zeit von den ›Richtigen‹ bewundert, akzeptiert oder abgelehnt zu werden, dies kann das Selbstbewußtsein stärken oder aber Angst und Unsicherheit auslösen.

Neben all den äußeren Einflüssen und der familiären Situation hat jedes Kind auch eine eigene Dynamik mit angeborenen Chancen und Risiken, was im 4. Kapitel von Teil 3 noch erläutert wird. So kann zum Beispiel ein unkompliziertes Kind, das einfach strukturiert, zusätzlich hübsch und extravertiert ist, mit seinem Charme eine andere Reaktion in seiner Umgebung auslösen als ein anspruchsvolles, kritisches, sensibles, etwas kompliziertes Kind, das vielleicht noch dazu physisch wenig attraktiv wirkt. Auch wenn beide Kinder genau dieselben frühkindlichen Bedingungen hatten, auch wenn beide dasselbe tun oder lassen, sie würden von denselben Menschen verschieden beurteilt. Die Reaktion der Umwelt auf Fröhlichkeit, Schönheit, Witz und Schmeichelei ist bekanntlich ein heikler Punkt – auch unter Erwachsenen.

Betroffenheit ist gut. Aber ich möchte bei den verunsicherten Müttern doch dafür plädieren, manchmal etwas weniger betroffen zu sein, etwas mehr Distanz zwischen sich und den eigenen Lieben zu schaffen und nicht zuletzt auch zwischen sich und den Experten.

Schuldgefühle fangen nämlich meistens dort an, wo man das Gefühl hat, Erwartungen (auch eigene) nicht erfüllen zu können. Wenn man sich im klaren ist, daß es ein Ding der Unmöglichkeit ist, es allen recht zu machen, dann ist schon ein Schritt in Richtung Eigenschutz getan.

Und Erwartungen sind da, von allen Seiten, nicht nur von den Kindern. Die Mutter ist als Individuum Teil der ganzen Gesellschaft. Sie ist nicht jemand anderes, nur weil sie Mutter ist. Sie reagiert wie der Mann, der Vater oder die junge Berufsfrau auf die vorherrschenden Vorstellungen und Idealbilder ihrer Kultur – und verinnerlicht sie.

Schuldgefühle hängen nicht allein mit dem Muttersein zusammen, sondern sind auch abhängig von vielfältigen äußeren Einflüssen und Idealvorstellungen der heutigen Gesellschaft, die sich sehr schnell verändern können.

Es geht einfach nicht mehr an, daß man heute, im Zeitalter des aufgeklärten, informierten Individuums, einseitig bei jeder Fehlentwicklung des Menschen oder eigenem Versagen, das Leben zu meistern, auf die Mutter zeigt und sagt: »Sie ist schuld, sie ist der Anfang aller Übel.«

Dies ist nicht nur einseitig und kurzsichtig, sondern auch bösartig und dumm. Die Mutter sollte als das angesehen werden, was sie ist: ein einziger, wenn auch wichtiger Einflußfaktor neben *vielen* anderen. Nicht mehr und nicht weniger.

2 Die Normalbiographie der Frau: Ideal und Realität

Schuldgefühle haben etwas mit Selbstbewußtsein und Erwartungen zu tun, mit den Erwartungen und Idealbildern einer Gesellschaft. Erst vor dem Hintergrund kultureller, religiöser, historischer und psychologisch bedingter Erwartungsmuster lassen sich Konflikte und Schuldgefühle verstehen, unter denen viele Mütter heute leiden.

Betrachten wir zuerst den Alltag der heutigen Mütter: Wie ›grenzenlos‹ sind die Möglichkeiten der Frau von heute? In welchem Klima von Erwartungen lebt die Frau, die Mutter des auslaufenden 20. Jahrhunderts, das als das Jahrhundert der Emanzipation gilt?

»Grundsätzlich ist heute nicht das Geschlecht maßgeblich, sondern das einzelne Individuum mit seiner Veranlagung und Fähigkeit.« Solches oder ähnliches hören wir oft in öffentlichen Abschlußreden in Schulen oder Interviews mit Pädagogen und Politikern. Doch spätestens beim Wort Gleichberechtigung wird gerne nachgedoppelt: »Die Gleichstellung darf aber keinenfalls zu einer *Gleichmacherei* führen, weshalb es für uns ein zentrales Anliegen ist, die einzelne Persönlichkeit zu fördern.«[1]

Wie erstaunt sind dann viele dieser ›einzeln geförderten Persönlichkeiten‹ weiblichen Geschlechts (gesetzt den Fall, daß sie überhaupt auf ein Leben als Berufstätige vorbereitet wurden), wenn sie sich später als Verheiratete, völlig unvorbereitet mit allen Haus- und Erziehungspflichten überhäuft, wiederfinden.

Kein Wunder, daß die junge Mutter verunsichert ist und sofort nach allen Seiten mit Schuldgefühlen reagiert. Denn sie hat dauernd das Gefühl zu versagen. Eine Mutter beschrieb mir ihren Zustand so: »Für mich war das erste Kind ein erschütterndes Erlebnis. Ich war als junges Mädchen immer umhegt worden. Zuerst von meiner Mutter und meinem Vater und später von meinem Mann. Mir wurde eine gute Pianistinnenkarriere vorausgesagt. Und dann kam das Kind zur Welt. Und plötzlich war ich nichts mehr.

Alles drehte sich nur noch um das Kind. Natürlich freute ich mich auch auf das Kind. Aber ich hatte gleichzeitig unheimlich Mühe, damit fertig zu werden, daß *ich* überhaupt nicht mehr stattfand. Mein Mann war auch als junger Vater immer noch in seinem Beruf eine eigene Persönlichkeit, zu Hause war das Kind *alles* und ich *nichts!*

Ich hatte weder das nötige Geld noch die Gelegenheit, das Kind zwischendurch von anderen betreuen zu lassen. Und bis ich mir diese Gelegenheit aufgebaut hatte, waren schon ein paar Jahre vergangen und mein Fördererkreis hatte inzwischen eine andere (übrigens kinderlose) Künstlerin gefunden.«

Daß Mädchen und Jungen im späteren Leben gleichberechtigt sein werden, ist nur vorgegaukelt. Eine berufstätige Mutter findet heute weder in der Schweiz noch in den meisten anderen europäischen Ländern befriedigende gesellschaftliche Infrastrukturen, wie zum Beispiel gute Krippen in ausreichender Anzahl, Tagesschulen, Blockzeiten in der Schule oder außerschulische Betreuungsmöglichkeiten für ihre Kinder.

Doch gerade eine zufriedenstellende Betreuung ihrer Kinder ist für Mütter eine der Grundbedingungen, um mit gutem Gewissen gleichzeitig Mutter und berufstätige Frau zu sein – so, wie der Mann Vater und berufstätiger Mann sein kann. Dies bleibt wenigen privilegierten Frauen vorbehalten.

Die Partnerschaftsideologie entlarvt sich spätestens beim ersten Kind von selbst. Die ›Partner‹ bleiben weiterhin mit ungleichen Spießen ausgerüstet. Frauenlöhne werden weiterhin keine Familien ernähren können. Und damit bleibt der Mann, wenn auch nicht mehr auf dem Papier, so doch in der Realität, der Ernährer, Befehler, das Oberhaupt der Familie. Die Frauen werden über kurz oder lang in vielen Fällen zur Berufsaufgabe oder Reduktion der Berufstätigkeit gezwungen und geraten so in die Abhängigkeit vom Ehemann.[2]

Natürlich sind Männer für die Beibehaltung dieses Zustands mitverantwortlich. Schließlich weigern sich die meisten von ihnen, den Frauen einen Teil der Haus- und Betreuungsarbeit abzunehmen und damit diese Arbeit auch aufzuwerten. Doch leiden auch viele hilfsbereite Väter unter der patriarchalen Beurteilung weiblicher Arbeit. Berufe, in denen überwiegend Frauen arbeiten, befinden sich auf der untersten Einkommensstufe.

So mancher Mann, der ursprünglich ein partnerschaftliches Modell anstrebt, muß mit der Zeit die ganze Ernährerolle wieder auf sich nehmen, wenn er nicht das Glück hat, eine Partnerin mit gutbe-zahltem Akademikerinnen- oder Lehrberuf zu haben. Auch er findet keine Argumente gegen die Sachzwänge der schlechten Verdienst-möglichkeiten seiner Frau. Es ist nun einmal eine Tatsache, daß fast 80 Prozent der Frauen im Dienstleistungs- und sozialen Bereich, das heißt in den schlechtbezahlten ›Frauenberufen‹ arbeiten.

Man braucht kein Rechengenie zu sein, um zu merken, daß bei einem Fifty-Fifty-Arrangement ein halber Frauenlohn, vor allem ein nicht-akademischer, einschneidende Konsequenzen für die Wohn- und Lebensqualität der ganzen Familie hat. Kinder kosten Geld. Der Mann verdient oft doppelt soviel und in höheren Lohnklassen sogar dreimal soviel wie seine Ehefrau.

Fazit: die Tendenz zur Auflösung traditioneller Rollen liegt zwar im Zeitgeist der letzten Jahrzehnte. Doch im Alltag wird der gemeinsame Traum vom Familienglück, vor allem wenn Kinder da sind, für das junge Paar oft zum Alptraum. Und wenn in der Folge eine Ehe zerbricht, gibt es auch immer eine *individuelle* Erklärung dafür – ihre Depression, sein Alkoholproblem, ihre Gleichgültigkeit oder Eifersucht, seine Lieblosigkeit oder sein Fremdgehen, um nur einige Beispiele zu nennen.

Aber auch anderes liegt im Zeitgeist:

Junger Mann, dynamisch und ehrgeizig, sucht private Assistentin zwecks Karriere- und Familienbildung. Sie sollte hübsch, gesund, klug, flexibel, zärtlich und pflegeleicht sein. Ist sie in der Lage, mit dem verfügbaren Einkommen gut zu haushalten, in der spärlichen gemeinsamen Freizeit eine entspannende Atmosphäre zu gewährleisten, jederzeit lustvoll ver-fügbar zu sein, ohne Forderung vorhergehender emotionaler Betreuung, ist sie die ›Richtige‹ für *ihn*. Abgeschlossene Berufsausbildung er-wünscht, aber nicht unbedingt notwendig. Gute Umgangsformen, eine mittlere Schulausbildung und die Bereitschaft, jederzeit den Wohnort zu wechseln, sind geeignete Voraussetzungen für diese Tätigkeit.

Selbständigkeit wird ihr zugestanden. Von der Betreuung seiner alten Mutter über die Vertretung der Familie bei Elternabenden in der Schule und Freizeit-Veranstaltungen der Kinder bis hin zur Besorgung der jeweiligen Geschenke für seine Patenkinder und Verwandten. Auch darf sie die Kindererziehung und -betreuung selbständig und in eigener Veranwortung handhaben. Mißratene Exemplare gehen zu ihren Lasten. Als Erfolgsbeteiligung erhält sie einen angemessenen Anteil an seinem Lebensstandard und die Scheckkarte zu einem seiner Bankkonten. Ein Anspruch auf Lohn und Sozialleistungen besteht nicht. Abnutzungserscheinungen sind eigenes Risiko. Bei Austausch durch eine unverbrauchte Frau kann aber – gutes Betragen vorausgesetzt – eine eventuelle Abfindung überdacht werden.

Welche Frau meldet sich auf ein solches Inserat? Keine? Von wegen! Ein großer Teil der Frauen scheint immer noch bereit zu sein, auf ein solches Angebot einzusteigen.

Wie läßt sich sonst erklären, daß viele junge Frauen der 90er Jahre, aufgewachsen zwischen ›Frauenpower‹ und ›Frauenförderungsprogrammen‹, trotz aller Wahlmöglichkeiten nach wie vor fest entschlossen sind, früher oder später das Leben einer Ehefrau mit Kindern zum *Hauptberuf* zu machen?

So erklärten 1989 bei einer Umfrage des deutschen Bundesinstituts für Berufsbildung[3] zu den Zukunftsperspektiven von BRD-Jugendlichen sage und schreibe 79 Prozent der befragten Mädchen, sie würden ihren Beruf *spätestens* beim ersten Kind aufgeben. Spätestens heißt, sie sind grundsätzlich bereit, schon nach der Heirat ihren Beruf aufzugeben, um ausschließlich ihrem jungen Mann den Haushalt zu führen.

Demselben jungen Mann, das wissen inzwischen er und wir alle, der längst im Stande ist, sich um seinen Haushalt selbst zu kümmern.

Was steckt dahinter? Die Antwort ist einfach. Viele Frauen glauben im Innersten, sie hätten ein ›natürliches‹ Anrecht auf Versorgung.

Man stelle sich vor, welchen Einfluß eine solche weibliche Erwartungshaltung auf die eigene Karriere und Lebensplanung hat: Kurze Ausbildungen in ›Frauen‹-Berufen, die aufgrund ihrer sozialen und dienenden Ausrichtung schlecht bezahlt werden. Und dies hat sich seit der Zeit der rebellischen englischen Urgroßmütter, die Anfang des Jahrhunderts mit Hungerstreiks für eine freie Berufswahl kämpften, nicht geändert.

So ›instinktiv‹ oder zufällig wie es aussieht, ist der Wunsch nach einem Versorger aber nicht. Die Weichen werden früh gestellt. In seiner Kindheit wird dem Mädchen andauernd, mehr oder weniger direkt, zu verstehen gegeben (gar nicht immer von der Mutter), daß es später dieses Anrecht auf Versorgung in Anspruch nehmen darf, wenn es eine ›richtige‹ Frau wird.

Neben dem Frauenbild in den Medien, das heißt verglichen mit außerfamiliären Einflüssen wie zum Beispiel der Film-, Buch- oder Spielzeugindustrie, erscheint der Einfluß der Mutter als ein nur unwichtiger Faktor. Mädchen werden immer als technisch unbegabt und schon gar nie als nachahmenswerte Heldinnen präsentiert. Hübsch und hilfsbereit paßt sich das weibliche Film-Vorbild als ›guter Kumpel‹ oder raffinierte Verführerin dem Helden der Geschichte an, denn *er* bestimmt die Handlung und *er* ist die Hauptperson.

Sei es in der Kleidermode, wo Sie weder in Mädchen- noch Frauenjacken eine Innentasche für den Geldbeutel finden, sei es mit dem ›Papa-arbeitet-und-Mama-hütet-Kind-Familien-Bild‹ in Kinderbüchern und Familienserien oder sei es in der Schule, wo das Mädchen schnell lernt, ins Gelächter über die im Lesebuch beschriebene »zickige altjüngferliche Lehrerin« einzustimmen: Ein Mädchen zieht früh aus solchen indirekten Signalen seine Lehre fürs Leben: »Du darfst nicht sitzenbleiben.«

Im Gegensatz zu einem Jungen, der zur Eigenverantwortung angehalten wird, bleibt dem Mädchen die Schlußfolgerung, daß es als Frau zwei Varianten der Lebensplanung zur Auswahl hat: Frau kann sich später entweder selbst versorgen oder sich aber einen Mann suchen, der sie versorgt!

Die erste Variante wird mit dem Bild der lächerlichen ›Schulbuch-Jungfer‹ assoziiert und kommt nur als Not- oder Zwischenlösung in Frage: für den Fall, daß es mit der Variante ›Versorger‹ nicht klappen sollte. Die eigene Energie und der Ehrgeiz, welche in den ersten sechs bis sieben Jahren der Schulzeit ins Lernen gesteckt wurden – sozusagen als Kapitalanlage für Variante eins –, werden oft erstickt durch die einfache, praktische Erfahrung, daß Erfolg beim anderen

Geschlecht durch ›liebliche Unterordnung‹ und attraktives Aussehen auch in diesem Alter schon mehr zählen als schulische Spitzenleistungen.

In der Folge läßt es sich an zwei Fingern abzählen, was sich eher lohnt, das Erlernen des Handwerks ›Sich-schön-Machen‹, das Studium weiblicher Gefälligkeits- und Verführungsstrategien und ihrer Wirkung auf die männliche Umwelt oder die Konzentration auf sachbezogenes Lernen und Erkennen der eigenen Bedürfnisse und der Verantwortung für sich selbst. Die junge Frau wird oft nach Schulabgang irgendeinen ›Ist-mir-doch-egal-am-liebsten-mit-Menschen‹-Job ergreifen.

Die junge Frau rechnet nicht im Ernst damit, daß ihr Beruf sie *ein Leben lang* ernähren sollte. Im Innersten glaubt sie, daß ihr irgendwann immer noch ein Fluchtweg aus der harten Arbeitswelt offenbleibt. Und der führt über die Mutterschaft, welche ihr ein Anrecht auf Fremdversorgung eröffnen soll, mit voller moralischer Unterstützung der Gesellschaft.

Wie dieses Anrecht in Wirklichkeit aussieht, erfährt sie spätestens dann, wenn sie selbst ein Fall für die Statistik ›Frauen in Armut‹ wird, worin zum größten Teil geschiedene und ledige Rentnerinnen oder alleinstehende Schwangere und Mütter vertreten sind.[4]

Aber auch wenn alles gutgeht mit der Familienplanung, ist dieses Anrecht auf Versorgung für die Familienfrau heute nicht mehr gewährleistet. Kaum sind die Kinder aus dem Gröbsten heraus, wird erwartet, daß die Frau sich wieder in der Berufswelt zurückmeldet. »Man(n) setzt wieder auf die Frau«, stand in einer Tageszeitung. Es war zwar nicht klar, was mit dem Wort ›wieder‹ gemeint ist, aber ›gefördert‹ wird momentan auf Teufel komm raus – in ganz Europa! Die Bevölkerungszahlen gehen zurück. Es werden weniger Kinder geboren, die Renten der jetzt Arbeitenden scheinen nicht mehr abgesichert und die Arbeitsmarktprognosen für die nächsten Jahre und Jahrzehnte sagen einen Mangel an qualifizierten Arbeitskräften voraus, vor allem in der elektronischen und technischen Branche einerseits und im Gesundheits- und Dienstleistungssektor andererseits (in der Schweiz auch im Gastgewerbe).

Es fehlen nicht nur Spitzenkräfte, sondern Fachkräfte auf allen

Ebenen. Durch den Rückzug der Familienfrauen aus der Berufswelt scheint der Wirtschaft ein großes Potential an qualifizierten Arbeitskräften abgezogen worden zu sein, das heute wieder aktiviert werden soll. Millionenbeträge werden derzeit europaweit für Projekte zur Förderung des Wiedereinstiegs von Frauen ins Berufsleben zur Verfügung gestellt.

Diese Förderungsmaßnahmen werden von Frauen begrüßt, doch scheint sich ihre Begeisterung in Grenzen zu halten. Bei genauerem Blick auf die Frauenförderung sieht es für die einzelne Frau schon etwas komplizierter aus. Es werden einerseits nur Arbeitsplätze, nicht aber, was konsequent wäre, auch die dazugehörenden gesellschaftlichen Infrastrukturen angeboten, die den Familienfrauen einen Einstieg erleichtern würde. Die Hausarbeit und die Betreuung der Kinder bleiben Privatsache, sprich: Frauensache. Die Leistungsansprüche an Zeit und Zuverlässigkeit muß die Frau aber gleichzeitig im Beruf mindestens so gut erfüllen wie ein Mann.

Und auf der obersten Stufe der Karriereleiter in Wirtschaft, Bildungswesen und Politik, dort, wo grundsätzliche Systemfragen und wegweisende Entscheidungen gefällt werden, fehlen Frauen fast ganz.

Kann man sich dieses Phänomen wirklich nur damit erklären, daß Frauen nicht ›wollen‹? Allen Förderungs- und Gleichstellungsbestrebungen zum Trotz: Die Arbeitswelt ist klar auf die männliche Normalbiographie abgestimmt. Entweder wird Frau, so die Erwartung, mit dem Mann ›gleichziehen‹, das heißt, so werden wie er, oder sie ist aus der Welt der Macht und Karriere ausgeschlossen.

Kinder haben in dieser Berufswelt keinen Platz. Die weibliche Wunschbiographie, wo Kinder, Haushalt und Beruf zusammen möglich wären, ja, einander ergänzen könnten, wird nicht ernst genommen. Im Gegenteil.

Die formale Gleichstellung erweist sich heute oft als Bumerang für die Frauen. Im Namen der Gleichstellung will man die öffentlichen Pflichten angleichen, zum Beispiel bei der Feuerwehr- und Wehrpflicht, bei der Heraufsetzung des Rentenalters, bei der Rente für Verwitwete, bei der Höhe der Unterhaltsbeiträge nach einer Scheidung und bei der Zuteilung des Sorgerechts für die Kinder zugunsten des Vaters.

Gleichzeitig werden im Namen der Andersartigkeit (der weiblichen Natur) zur Kostensenkung soziale Aufgaben wie Kinderbetreuung oder Alters- und Krankenpflege wieder zunehmend in die Familie und damit an die Frauen zurückgegeben. Was dies in einer Gesellschaft wie der europäischen bedeutet, wo der Geburtenanteil im 20. Jahrhundert massiv abgenommen hat und gleichzeitig die Menschen immer älter werden, kann frau trotz ›Wiedereinstiegs-Förderprogrammen‹ langsam erahnen.

Die Tendenz, zuerst in den USA registriert, zeigt heute immer mehr, daß es die erwerbstätigen Töchter oder Schwiegertöchter sind und nicht die Söhne, die aus dem Arbeitsprozeß austreten, um für ältere, betreuungsbedürftige Angehörige zu sorgen und infolgedessen dadurch selbst eine Rentenkürzung erleiden.

Die *American Association of Retired Persons* machte 1989 in einer Untersuchung darauf aufmerksam, daß 14 Prozent der Vollzeit-Erwerbstätigen, in der Regel Frauen, ihre Arbeitsstelle aufgaben, um für betreuungsbedürftige ältere Angehörige zu sorgen. Außerdem verbringen laut dieser Studie nahezu ein Drittel der Teilzeit-Erwerbstätigen mehr als 20 Stunden in der Woche mit allen möglichen Arten von Hilfeleistungen für einen alten pflegebedürftigen Elternteil.[5]

Es ist in diesem Zusammenhang nicht uninteressant zu beobachten, wie angesichts des Geburtenrückgangs, der Überalterung der westlichen Industrieländer und der für die Zukunft sich abzeichnenden Ebbe in den Altersrenten-Kassen eine konservative Familienpolitik wieder Aufwind erhält, die sich am deutlichsten in der Frage der Schwangerschaftsunterbrechung zeigt.

Der Memminger Abtreibungsprozeß gegen den Frauenarzt Horst Theissen, der 1989 wegen Schwangerschaftsabbrüchen zu zweieinhalb Jahren Gefängnis und drei Jahren Berufsverbot verurteilt wurde, ist ein Beispiel dafür, wie mit allen möglichen ideologischen und gesetzlichen Druckmitteln versucht wird, Ärzte und Frauen einzuschüchtern und zu bearbeiten, damit Frauen wieder mehr Kinder bekommen.

Ob in den USA oder in Europa: es werden keine Ausgaben gescheut. So wurden 1989 im Land Baden-Württemberg für eine Anti-Abtreibungskampagne 6,2 Millionen aus der Staatskasse lockergemacht.

26

Geworben wurde mit einer ›Mutti-will-mich‹-Plakatserie, wo es zum Beispiel über dem Bild einer schwangeren 17jährigen Schülerin heißt: »Kind oder Schule? Oma hat mir die Wahl erspart«.

Daß diese neue konservative Familienpolitik im Widerspruch zur aktuellen (kurzfristigen) Arbeitsmarktpolitik steht, die alle Frauen wieder ins Erwerbsleben locken will, gehört zu den Widersprüchen unserer Gesellschaft.

Das Vorbild für Bildungs- und berufliche Förderprogramme war bisher das männliche Lebenskonzept, das eine ununterbrochene, lebenslange Berufsarbeit vorsieht. Ziel der Einkommens- und der Sozialpolitik ist die Sicherung des Familieneinkommens durch den Mann.

Eines läßt sich heute trotz viel Gerede nicht aus der Welt schaffen: Die traditionelle Vorstellung, eine ›normale‹ Frau sei verheiratet, Mutter von Kindern im betreuungsbedürftigen Alter und nicht außerhäuslich tätig, zieht sich als endloser Raster wie ein Korsett um alle Frauen.

Obgleich höchstens ein Viertel der europäischen Frauen dieser Norm entsprechen, basieren die meisten rechtlichen Regelungen, Ausbildungsgänge und Karrieremöglichkeiten immer noch auf dieser ›Normalbiographie‹. Frau und Mann als Paar, wenn möglich mit Kindern, sind die Grundeinheit der gesellschaftlichen Struktur. Frauen werden immer noch häufig durch den Mann definiert, erst durch die Ehe werden sie zu gesellschaftlichen ›Personen‹. Unverheiratete Männer finden sich in der ›männlichen‹ Arbeitswelt besser zurecht. Unverheiratete Frauen hingegen werden oft als unvollständige Wesen betrachtet, als ständig Suchende, Unbefriedigte.

Wie ein roter Faden zieht sich diese Logik der ›weiblichen Normalbiographie‹ nicht nur durch die Sozialversicherungspolitik, sondern auch durch den Arbeitsmarkt und die steuerrechtlichen Institutionen, die sich alle auf die Einheit ›Ehepaar‹ beziehen.

Gesetzesänderungen können nur mit größten Anstrengungen der Frauen selbst und nach jahrelangem Tauziehen und Machtkämpfen zwischen Parteien und Interessenverbänden vorangebracht werden. Damit ist aber nur ein kleiner Schritt in Richtung auf ein partnerschaftliches Frauenbild des 20. Jahrhunderts getan.

Solange wir in einer Gesellschaft leben, in der für Frauen und Männer verschiedene Lebenswege geplant sind, wirkt sich jeder Einsatz für geschlechtsneutrale Gleichheit notwendigerweise auf Männer und Frauen unterschiedlich aus. Dies gilt für alle Bereiche von der Koedukation bis hin zu gesetzlich verankerten Partnerschaftsmodellen.

Im männlichen Lebenskonzept erscheint Familienarbeit nicht als Lebensaufgabe und muß demzufolge auch bei Karriereplänen nicht berücksichtigt werden. Untersuchungen bestätigen, daß Väter weitaus weniger Schwierigkeiten haben als Mütter, Arbeitswelt *und* Kinderbetreuung zu vereinbaren. Dieses Problem scheint sich für Männer überhaupt nicht zu stellen. Nicht etwa, weil Männer sich keine Kinder wünschen, sondern weil sie sich bei der Berufsplanung bezüglich der Versorgung der Kinder keine Sorgen zu machen brauchen, denn sie können sich immer noch auf die traditionelle Arbeitsteilung berufen.

Einerseits wird die heutige Generation von Frauen im Namen der Gleichberechtigung dazu ermuntert, mit den Männern zusammen an Arbeitsleben und Politik teilzunehmen. Andererseits hastet die berufstätige beziehungsweise berufswillige Mutter von heute an dieser männlichen Normalbiographie entlang, immer noch individuell suchend, wie sie sich dort mit ihrem Familienballast in eine Lücke reinzwängen könnte!

Es scheint tatsächlich kein Interesse daran zu bestehen, sich der Realität des Frauenalltags zu nähern. Überall hinkt das offizielle Bild der Normalbiographie der gelebten Wirklichkeit hinterher.

Was bleibt, ist die schizophrene Situation zwischen der offiziell vertretenen ›Normalbiographie der Frau‹ und der gelebten Realität. Eine aufreibende Situation!

3 Die Domestizierung der Mütter

Inzwischen weiß die junge Frau von heute nicht mehr, wo ihr der Kopf steht. Einerseits wird sie als Mädchen angehalten, ›emanzipiert‹ zu sein, ihre Begabung wird gefördert und sie darf auch einen zu ihrer Begabung passenden Beruf wählen. So weit, so gut. Entscheidet sie sich später, mit ihrem Lebenspartner Kinder zu haben, dann findet sie sich als verheiratete Mutter oft völlig unvorbereitet, isoliert in einer kleinen Stadtwohnung, mit einer ›Rund-um-die-Uhr‹-Verantwortung für das Kind und den Haushalt.

Im seltensten Fall hat sich die junge Mutter ihren realen Alltag so ausgemalt. Weshalb auch? Schließlich sprachen alle Freundinnen, Verwandte und Großmütter von einer schönen Aufgabe. Die Werbung und die Elternratgeber zeigen strahlende Babys und ebenso strahlende glückliche Mütter. Nie haben die Mütter in der Werbung Ringe unter den Augen. Selbstverständlich hatte man mit einer Umstellung des Lebens gerechnet, eventuell diese Umstellung im Leben sogar gesucht. Aber diese totale Vereinnahmung, die an den Nerven zehrt, die ›Rund-um-die-Uhr-Aufmerksamkeit‹, diese Müdigkeit, das war nicht vorauszusehen.

Es gibt kein wirksameres Druckmittel, Frauen zu domestizieren als die Mutterschaft, das heißt die Frau zur Familienfrau zu reprivatisieren. Schließlich gilt in unserer Gesellschaft die Familie als Inbegriff des Privaten.

Gleichzeitig ist die Familie aber auch eine gesellschaftliche Institution, die der Rechtsprechung unterliegt und – mit Kindergeld und Familienzulagen – unterstützt wird. Auch wenn es darum geht, wer die Renten der nächsten Generation bezahlt, sind Kinder statistisch eine gesellschaftliche Größe.

Die Situation der Mutter selbst jedoch, das bestreitet wohl niemand, ist geprägt von Privatheit. Eine Privatheit, die, nachdem Mutter und Kind einander jahrelang ausgeliefert waren, beim Kind zu Schäden führen kann, deren Ursachen später allein auf das Schuldenkonto der Mütter gehen und nicht auf das der Gesellschaft – einer Gesellschaft, die nicht wahrhaben will, daß ihr Nachwuchs ein gesellschaftliches Gut ist, für das ›artgerecht‹ gemeinsam Sorge getragen werden müßte.

Gerade die Zeit, welche die Psychologie als die wichtigste im Leben des Menschen hinstellt, ist für die junge Mutter verbunden mit einem Kulturschock. Sie findet sich in einer zubetonierten, vorher kaum realisierten kinderfeindlichen Wohn- und Umwelt wieder.

Die moderne Mutter ist heute in ihrer Privatheit ›mutterseelenallein‹ damit beschäftigt, die Kindheit ihrer Liebsten zu ›inszenieren‹, wie dies Elisabeth Beck-Gernsheim ausdrückt, und ihre Kinder nicht nur zu ›behüten‹, sondern auch, wie von ihr erwartet, heftig zu fördern. Dies tut sie konsequent und oft mit einer Gründlichkeit, an die sie in ihrem früheren Erwerbsleben gewöhnt wurde. Begleitet wird sie dabei vom ersten Tag der Schwangerschaft an von unzähligen Ratgebern zur ›richtigen‹ Förderung ihres Kindes.

Auch Zeitschriften zeigen zu ihrem Erstaunen, wie sie eigentlich sein sollte:

Wie ist sie doch so chic, hübsch und ausgeruht anzusehen, diese Zeitschriften-Mama, wenn sie strahlend auf originelle Weise den Geburtstagstisch ihres Lieblings deckt, auf jeden Teller eine kleine Überraschung zaubert und den selbstgebackenen Kuchen auftischt.

Wie fröhlich, wenn sie anschließend keck-lustig mit den kleinen Partygästen eine Schmink-Orgie veranstaltet oder auf der Wiese Purzelbäume schlägt. Es folgen ein paar Wettspiele, bei denen es für Gewinner und Verlierer schöne Preise gibt. Anschließend werden Tischbomben gezündet und es beginnt eine ausgelassene Gemüseschlacht, bei der die nimmermüde Mama, inzwischen mit Knollnase und Schnauz geschmückt, immer noch strahlend mitmacht. Zum Abschluß sieht man sie aus einem bunten Bilderbuch, die kleinen Partygäste zu Füßen, erzählend – wie romantisch!

Das Ganze ist schön gruppiert, damit die (nach einem solchen Programm eigenartigerweise immer noch sauberen) Partykleidchen gut zur Geltung kommen (Angabe über Preis und Firma am Schluß des Artikels). Das letzte Bild der Geburtstagsreportage zeigt ein strahlendes Geburtstagskind mit ebenso strahlender, gepflegter und schöner Mama an der Haustüre, den Partygästen zum Abschied winkend. Ende der Vorstellung!

Wie würde diese schöne Bilderbuch-Mama strahlen, müßte sie das vorgeschlagene Programm wirklich durchziehen. Alleine, ohne Zeitschriften-Crew und den echten Müttern hinter den Kulissen, die ihre fotogenen Kleinen vor der Kamera notfalls zur Ordnung rufen.

Ich weiß nicht, wie es anderen Müttern mit Geburtstagsparties geht; meine persönlichen Erfahrungen sind anders. Die Mütter sind abends völlig erledigt, das Kind zeigt sich überhaupt nicht dankbar. Im Gegenteil: Es trotzt, heult und ist unausstehlich. Es sei denn, es wird gerade mit einem neuen Geschenk abgelenkt! Die Mütter äußern sich am nächsten Tag enttäuscht bei ihrer besten Freundin.

Das Kinder-Geburtstagsfest, einst nur in gutbürgerlichen Häusern gefeiert, ist heute ein absolutes Muß in jedem scheinbar aufgeklärten, kinderfreundlichen Haus. Kein Aufwand soll zu groß sein. Nichts ist zu teuer für den kleinen Liebling.

Die Geburtstag-Party-Industrie überbietet sich immer wieder von neuem mit originellen Ideen. Im Trend liegt, dem Kind zuliebe den Geburtstag bei McDonald zu feiern, und liebenswürdigerweise wird (natürlich nicht gratis) eine hübsche Animatorin zur Verfügung gestellt. Oder, noch origineller: Sie mieten ein Sälchen und laden dreißig bis vierzig Kinder ein. Für die Eltern, die später ihre Sprößlinge abholen, halten Sie ein Faß Bier und heiße Würstchen bereit.

Eines ist klar, die kleinen Gäste werden je älter, desto anspruchsvoller. Das hausgemachte Popcorn und die selbsterfundenen ›Kasperl‹-Theater mögen für die Kleinen gerade noch angehen. Dann aber ist endgültig Schluß. Popcorn ist zwar immer noch ›in‹, aber nur als Zugabe während der Videopause. Der enorme Erwartungsdruck der Umgebung kann sich für eine Durchschnittsmutter regelrecht zu einem Alptraum entwickeln. Wer nicht mitmacht, ist eine Rabenmutter. Das ›Kinderprogramm‹ – nicht nur bei Geburtstagen – hat sich zu einem florierenden Geschäft entwickelt.

Die Kindererziehung wurde in der Nachkriegszeit stark kommerzialisiert. Spezielle Elternzeitschriften und Eltern-Ratgeber erzielen Massenauflagen. Überall werden Elternbildungsprogramme, -kurse, Fernsehserien und Unmengen von Merkblättern und Broschüren angeboten.

Besondere Sorgfalt wird dem Idealbild der erziehenden Person gewidmet. Und dies ist – das reibt kein Gummi weg – in 99 Prozent aller Fälle die Mutter. Kindererziehung wird auf der einen Seite zur Privatsache erklärt, das Wissen um richtig und falsch ist hingegen Allgemeingut.

Die heutige Mutter ist jahrelang mit dem Kunststück beschäftigt, den Kindern ein ›Reservat‹ zu schaffen, in dem sie sich ungestört entwickeln können und gleichzeitig niemanden stören. Das Kind muß geschützt werden vor den vielfältigen Gefahren der modernen Welt; gleichzeitig muß ihm beigebracht werden, sich den Regeln der Erwachsenenwelt unterzuordnen, ohne daß es in seiner Persönlichkeitsentwicklung eingeschränkt wird.

In der schillernden, verführerischen Selbstbedienungs-Konsumwelt und den verkehrsreichen Städten und Vororten, wo spontanes Spielen vor dem Haus für kleine Kinder kaum möglich ist, bedeutet dies eine Vollzeitbeschäftigung!

Außerdem weiß eine gute Mutter – so wird ihr täglich in Elternzeitschriften und Medien vorgeführt –, was ihre Pflicht ist. Sie fährt das Kleinkind täglich an die frische Luft und monatlich zur Kinderärztin. Nach dem Stillen massiert sie das Baby ›sanft‹ nach der ›Leboyer-Methode‹ und später kocht sie biologisch gesund. Sie besucht periodisch die empfohlenen Sprechstunden und vergißt keine der wichtigen Impfungen.

Das Mutter-Kind-Turnen, in einschlägigen Zeitschriften liebevoll ›MuKi-Turnen‹ genannt, und die Spielgruppe gehören heute für viele zum selbstverständlichen Kinderalltag. Die Mutter ist voll ausgelastet damit, ihre Kinder in die verschiedenen Klavier-, Sing-, Tanz-, Judo-, Nachhilfestunden, ins Rückenturnen, zu Pfadfindern und Sportclubs zu begleiten oder mindestens zum Gehen aufzufordern. Selbstverständlich wird sie auch sicherstellen, daß regelmäßig geübt wird, die Übungsstunden kontrollieren und zur richtigen Zeit das nötige Material oder saubere Wäsche bereit legen.

Neben dem ganzen organisierten Förderungsprogramm ist aber noch weiteres gefordert: Geduld! Eine Mutter, die das Beste für ihr Kind will, läßt dem Kind viel Zeit, sich selbst zu entwickeln. Es gibt allerdings nichts Ermüdenderes, als ein Kind, das eben erst laufen lernte: das Einkaufen dauert stundenlang, da das Kleine mit seiner berechtigten Neugier alles untersucht, bei jedem Hauseingang einen Umweg macht, verfolgt von einer mehr oder weniger geduldigen Mutter, die in letzter Minute versucht, die Tulpen der Nachbarin vor dem sicheren Geköpftwerden zu retten.

Nachmittagelang sitzt die Mutter langweilige Stunden auf Spielplatzbänken ab und strickt, während das Kind sich im Sandkasten vergnügt und alle paar Minuten die Aufmerksamkeit der Mutter auf sich lenkt. Es gilt, seine Kreativität gebührend zu bewundern, den Streit mit einem Spielgefährten zu schlichten, Sand aus den Augen oder dem Mund zu wischen, Tränen zu trocknen oder den Durst zu stillen.

Daneben ein Buch zu lesen, ist ausgeschlossen, es sei denn, es handle sich um ein inhaltlich und sprachlich einfaches, bei dem es nicht darauf ankommt, ob zwei, drei Zeilen oder auch eine halbe Seite übersprungen werden. Es ist nicht jederfraus Sache, ich weiß, aber für viele Mütter ist in dieser Situation das Stricken die ideale Lösung. Beim Stricken sind Störungen nicht so gravierend und gleichzeitig haben sie das Gefühl, während des stundenlangen Herumsitzens doch etwas Nützliches zu tun.

Das Strickzeug als Frustfresser der Frauen ist wohl die genialste Erfindung der Menschheit: Stricken als psychohygienische Selbstbefriedigung der andauernd in ihren eigenen Bedürfnissen, ihrer Denk- und Arbeitstätigkeit gestörten Frauen. Nicht auszudenken, welche Energien ohne diesen Frustabsorber frei würden! Dem Stricken sei dank – es wird viel Geld für Therapiestunden gespart. Kein Wunder, daß Strickmuster reißenden Absatz finden.

Ein großer Teil der Arbeit, der von den Müttern heute erwartet wird, ist die Erziehung. Im Klartext heißt das, dem neugierigen, chaotischen, keine Grenzen kennenden Kind Ordnung, richtiges Verhalten und Lerndisziplin beizubringen und das Kind den oft rigiden Ordnungsvorschriften der Erwachsenenwelt anzupassen. Das kostet Nerven! Als anstrengendste Erziehungsphasen in dieser Hinsicht empfinden viele Mütter die Zeit mit Kleinkindern und später mit Schulkindern im Alter von 9 bis 13 Jahren.

Ein Kleinkind fordert ununterbrochen die Präsenz der Mutter. Es betrachtet es als selbstverständlich, daß die Mutter speziell für es ganz allein da ist – immer und sofort!

Ein waches Kleinkind läßt einer Mutter kaum Zeit, einen Gedanken zu Ende zu denken. Egal ob die Mutter gerade Zähne putzt, bügelt, wäscht, telefoniert oder mitten im Kochen ist, sie wird bei jeder Arbeit oder im Schlaf gestört.

Blitzartig erkennt das Kleinkind den Moment, an dem seine Mutter sich gedanklich von ihm entfernt, und es wird alles unternehmen, um die Aufmerksamkeit der Mutter wieder auf sich zu lenken, sei es mit einem provokativen Fallenlassen einer Glasflasche, sei es mit dem Umtopfen der Yuccapalme oder einfach durch eindringliches Schreien. Letzteres läßt sich überhaupt sehr wirkungsvoll einsetzten. Nichts reißt mehr an den strapazierten Nerven der Mutter als Kindergebrüll.

Wird die Mutter ungeduldig, schreit sie zurück oder schlägt sie das trotzende Kind sogar, dann meldet sich das schlechte Gewissen sofort. Sie schämt sich vor sich selbst. Und sie verachtet sich wegen ihrer schwachen Nerven. Sie ist wütend auf sich wegen ihrer Unfähigkeit, eine ›perfekte‹ Mutter zu sein.

Hat die Mutter ihren Beruf aufgegeben, um ganz für ihr Kind da zu sein, hat sie Schuldgefühle, weil sie es als ›Nur‹-Hausfrau doch schaffen sollte, dem Kind eine glückliche, ausgeglichene Mutter zu sein.

Ist die Mutter berufstätig, hat sie Schuldgefühle, weil sie denkt, ihre Abwesenheit mache das Kind so quengelig und ihre mütterlichen Nerven so dünn.

Beide Mütter finden sich absolut ›daneben‹.

Ja, und dazu kommt noch diese unsägliche Müdigkeit! Ein Dauerzustand in den ersten paar Jahren, solange die Kinder klein sind.

Diese Müdigkeit am Abend scheint nicht gerechtfertigt zu sein, denn dem heimkehrenden Partner kann kein sichtbares Resultat vorgezeigt werden, daß während des Tages ›wirklich‹ gearbeitet wurde. Und doch erhöht diese Müdigkeit das Gefühl des eigenen Versagens ins Unermeßliche.

Kaum eine Mutter wird heutzutage die ersten Lebensjahre ihres

Kindes ohne psychische und physische Krise überstehen. Wie schwer oder wie leicht diese Krise ist, hängt von der Umgebung der Mutter ab, davon, wie verständnisvoll die Umgebung reagiert und wieviel Erholungsraum ihr gegönnt wird. Vielleicht gehört sie sogar zu den privilegierten Ausnahmen, in denen der Vater an der Kinderbetreuung und an der Hausarbeit teilnimmt?

Zeitgemäß wird heute meistens von ›Bezugsperson‹ und ›Eltern‹ gesprochen, gedacht wird aber immer noch ›Mutter‹. Die Orientierung erfolgt noch immer an der ›guten alten Zeit‹, wo es angeblich nur harmonische Familien gab. Die Frau wird, entgegen allen neuesten Erkenntnissen der Wissenschaft und allen Erfahrungen im Alltag, auf ›Natur und Mutterinstinkt‹ fixiert, und das Motto »Mutter ist die beste Erzieherin« wird wieder aus der Mottenkiste hervorgeholt.

Neben der gutgemeinten Zulassung von Mädchen zu Schuleinrichtungen, die grundsätzlich auf Knaben ausgerichtet sind (das heißt auf eine männliche Biographie), versucht man gleichzeitig die Frauen wieder an ihren traditionell angestammten Platz zurückzuversetzen, in der irrationalen Hoffnung, den Lauf der Entwicklung der letzten 200 Jahre stoppen zu können. Der neueste Trend zur konservativen Familienpolitik kann, so warnt die Familienforscherin Elisabeth Beck-Gernsheim, »die gesellschaftlichen Veränderungen nicht ungeschehen machen, die seit dem 19. Jahrhundert stattgefunden haben, und sie kann genausowenig die Familie in ihrer vorindustriellen Form wiederherstellen, als Insel inmitten einer hochtechnisierten industrialisierten Gesellschaft.«[1]

Ein weiterer Beitrag zur Domestizierung der Frau sind die Schulstundenpläne. Die Schule rechnet mit einer Mutter, die den ganzen Tag zu Hause ist. Von der Mutter wird erwartet, daß sie mittags ihrem Kind das Essen bereitstellt und die Aufgaben ihres Kindes kontrolliert.

In den meisten Ländern in und außerhalb Europas haben Kinder keine Hausaufgaben. Die Schulkinder besuchen, und dies ist seit Jahrzehnten eine Selbstverständlichkeit, jeden Tag zwischen 8 und etwa 15 Uhr die Schule. Fällt eine Lehrkraft aus, dürfen die Kinder nicht einfach nach Hause geschickt werden, sondern erhalten Ersatzunterricht.

Die Mütter haben dadurch zum Beispiel in England mindestens fünf Stunden Zeit, ihre Arbeit, ob im Haus, im Beruf, in der Politik oder gemeinützig, in Ruhe zu erledigen. Ein schlechtes Gewissen müssen sie auch nicht haben, weil ihnen niemand vorwirft, die Kinder ›weggeschoben‹ zu haben. Die Schulen bieten warme Verpflegung und Erholungsmöglichkeiten über die Mittagszeit, in den USA sogar Schlafmöglichkeiten für kleinere Kinder und eine sichere Transportmöglichkeit in Schulbussen. Ein Traum für Mütter im deutschen Sprachraum.

Wie die außerschulische Betreuung im einzelnen aussieht – von der Organisation durch Freiwillige wie beispielsweise in England über den ›Hütedienst ohne didaktischem Einsatz‹ in Belgien bis hin zum eigens für diesen Zweck ausgebildeten Personal in Dänemark und staatlicher Infrastruktur in Schweden – ist von Land zu Land verschieden.

Dazu ist in den meisten Ländern die Schule nachmittags auch wirklich zu Ende, und die Kinder sind nicht wie in Deutschland und der Schweiz noch durch zusätzliche Hausaufgaben belastet. Mir ist nicht bekannt, daß die Kinder dieser Länder dümmer oder sozial verwahrloster wären als die Kinder aus dem deutschsprachigen Raum.

Wenn viele Mütter heute vom ›Vater Staat‹ erwarten, daß er einen Teil der Infrastruktur für die Kinderbetreuung zur Verfügung stellt, ist dies zum großen Teil eine Folge davon, daß sich Väter grundsätzlich dieser ihnen zustehenden Aufgabe entziehen, weil sie sich im Lauf der Industrialisierung immer weiter von ihren Kindern entfernten.

Das ›Job-sharing‹ in der Familienarbeit scheint heute für Männer wie für Frauen, die nicht nach ihren herkömmlichen Rollen leben wollen, eine mögliche Alternative. Vielleicht wird es immer eine Minderheit bleiben, vielleicht ändert sich die Gesellschaft aber auch dahin gehend, daß sich Kinder und Arbeitswelt nicht nur ausschließen?

Es wäre in diesem Zusammenhang auch wünschenswert, daß sich Väter wieder etwas emotionalisieren ließen und sich auch gefühlsmäßig mit ihren Kindern auseinandersetzten, denn heute sehen viele Väter in ihren Kindern nur eine erholsame Freizeitbelustigung und ertragen die ungewohnten ›negativen‹ kindlichen Seiten wie Lärm,

Lebendigkeit, Trotz, Weinerlichkeit, Eigenwilligkeit, Vergeßlichkeit und Unordnung nur sehr schlecht.

Dem offiziellen Familien-Leitbild liegt die Vorstellung zugrunde, daß die Haushaltsführung und Kinderbetreuung eine einzelne, speziell dafür freigestellte Person benötige. Und dies ist und bleibt trotz schöner Worte und Gleichheitsgrundsatzerklärungen: die Frau!

Aus dieser Logik heraus beharrt die offizielle Familienpolitik auf dem pädagogischen Grundsatz, die Familie sei als Ort der Kindererziehung durch keine noch so gut organisierte Alternative zu ersetzen.

4 Die Hausfrau, das wertlose Wesen

Anworten Sie bei einer Party auf die Frage »Was arbeiten Sie?« mit »Ich bin Hausfrau«, werden Sie kaum ein bewunderndes Aufblitzen in den Augen Ihres Gegenüber feststellen. Da hätten Sie schon mit »Ärztin«, »Sales-Managerin« oder »Soft-Ware-Spezialistin« antworten müssen. So aber müssen Sie entweder blitzartig zur altbewährten Hausfrauentaktik übergehen, intensives Interesse für den Beruf und das Hobby ihres Gegenübers zu zeigen, oder amüsant über den neuesten Bestseller oder den letzten regionalen Polit-Skandal reden und Ihre wahre Haupttätigkeit mit keinem Wort mehr erwähnen, sonst sind Sie Ihren Gesprächspartner schnell los.

Es bleibt Ihnen selbstverständlich auch die Möglichkeit, sich an die Seite Ihres Ehegatten zu stellen und freundlich lächelnd Komplimente der Gattung anzunehmem wie: »Ihr Mann ist ein brillanter Fachmann. Sie können stolz auf ihn sein.« Oder sich mit Ihrer Freundin (auch Hausfrau und Mutter) mit einem Drink aufs Ecksofa zurückzuziehen. Wie auch immer, die ›Hausfrau‹ von heute hat zunehmend Probleme mit ihrem Status, der in den letzten dreißig Jahren massiv an Prestige verloren hat.

Vorbei die Zeit der 50er Jahre, wo der Beruf ›Hausfrau‹ noch als erstrebenswertes Ziel in die Lebensplanung jeder Frau gehörte.

Vorbei die Zeit, wo die Hausfrau noch stolz war auf schön gebügelte Bettwäsche und glänzende Parkettböden.

Vorbei die Zeit, wo die berufstätige Familienfrau als schreiende Anklage gegen die Erfolglosigkeit ihres Ernährers galt.

Vorbei die Zeit, wo ein »mein Mann verdient genug, ich muß nicht arbeiten gehen« bei berufstätigen Familienfrauen Neid auslöste.

Die Hausfrau ist aber doch nicht ausgestorben. Trotz Berufstätigkeit, Karriereförderung und Frauenbewegung ist die statistische Zahl der Hausfrauen in den letzten 30 Jahren nicht zurückgegangen.

Doch die Hausfrau von heute unterscheidet sich wesentlich von derjenigen der 50er Jahre. Sie versteht sich eher als Kinderbetreuerin und weniger als Haushälterin ihres Mannes. Meistens jobbt sie stundenweise noch nebenher.

Die zufriedensten Vollzeit-Hausfrauen sollen offenbar ›Aufsteigerinnen‹ und ›Aussteigerinnen‹ sein, also »die Zahnarztgehilfin, die ihren Chef geheiratet hat, oder die Telefonistin, die einen Rechtsanwalt vor den Altar führte. Sie genießen in gepflegten Einfamilienhäusern oder Penthouse-Wohnungen ihr Hausfrauendasein in vollen Zügen und möchten mit keiner dieser gehetzten Berufstätigen mehr tauschen. Schon gar nicht mit Zahnärztinnen oder Rechtsanwältinnen, die sie als wenig feminin empfinden.«[1] Und zufrieden ist auch die ›grüne‹ Hausfrau, die ihren Haushalt so ökologisch wie nur möglich führen will, die aufs Land zieht und vegetarisch vom Korn zum Brot wieder zur Selbstversorgerin wird.

Heute scheint jede verheiratete Frau theoretisch die Wahl zu haben, berufstätig zu bleiben oder nicht. Theoretisch! In der Praxis sorgen fehlende Kinderkrippen und außerschulische Kinderbetreuungsangebote sowie niedrige Qualifikationen und Löhne der Frauen dafür, daß viele Frauen ›freiwillig‹ zu Hause bleiben.

Wie glücklich sind sie mit ihrer Wahl? Hausarbeit scheint von den in erster Linie davon Betroffenen, den verheirateten Frauen, als unbefriedigend und problematisch angesehen zu werden, weil diese Arbeit nicht als ›richtige‹ Arbeit anerkannt wird. So ist heute die Mehrheit der verheirateten Frauen der Meinung, die Hausfrau habe gegenüber den Berufstätigen eine geringere gesellschaftliche Geltung. Beklagt sich eine Frau, daß sie sich minderwertig vorkomme, wenn sie sich in einem Fragebogen bei der Berufsangabe als ›Hausfrau‹ bezeichnen muß, hört sie oft die tröstende Antwort: »Hausfrau und Mutter ist doch ein so wichtiger Beruf.«

Ach ja, ›wichtig‹, das magische Wort! Damit Frauen diese Arbeit weiterhin machen, sagt man ihnen: »Das, was Ihr macht, ist ungemein wichtig!« Und am Ende sind die Frauen doch die einzigen, die ihre Arbeit wirklich wichtig finden.

Auch wenn die Hausfrau im allgemeinen als privater Luxus verheirateter Männer angesehen wird, hat die Funktion der Hausfrauenarbeit gesellschaftlich eine größere Bedeutung, als ihr auf den ersten Blick zugestanden wird.

Hausfrauenarbeit wird von Spezialisten im Bereich Ökonomie zum Teil in den ›autonomen Sektor‹, in den Bereich der ›Schattenwirtschaft‹ verwiesen und ihr Anteil am Bruttosozialprodukt auf 20 bis 30 Prozent geschätzt. Damit ist nicht nur die in den letzten Jahrzehnten immer stärker zunehmende Rückverlagerung früher von außen gekaufter Dienstleistungen gemeint (zum Beispiel Reparaturen und Do-it-yourself-Aktivitäten), sondern auch die Realversorgung durch ›organisierte Selbsthilfe‹, die Zunahme der spontanen Nachbarschaftshilfe.

›Haushaltsführung‹ gilt heute im Gegensatz zu früher, wo sie in der von Mann und Frau gemeinsam geführten mittelalterlichen Haus- und Gewerbegemeinschaft einen wichtigen Beitrag zur Existenz darstellte, als unproduktive ›Nicht-Arbeit‹.

Die Hausarbeit im modernen Sinn entstand mit der Trennung von Arbeits- und Wohnort und entwickelte sich sozusagen als Kehrseite der Arbeitsteilung, die sich darin auszeichnet, daß der Mann fort zur Arbeit geht und die Frau im Haus arbeitet.

Während sich die Erwerbsarbeit wirtschaftlich und räumlich aus der ›Hausgemeinschaft‹ fortbewegte und sich in Fabriken, Bürogebäuden und später Dienstleistungsketten zentralisierte, blieb die Hausarbeit in privaten einzelnen Zellen erhalten.

Durch die fortschreitende Industrialisierung nahmen die Selbstversorgung und die Nahrungsmittelherstellung im eigenen Haushalt in dem Maße ab, wie die Verlagerung derselben in den gewerblichen Bereich zunahm. Wie schnell dieser Wandel vor sich ging, kann die Generation, die in der ersten Hälfte des zwanzigsten Jahrhunderts geboren ist, leicht nachvollziehen und auch für ihre Zeit bezeugen.

Vom Selbsteingemachten zur Konservenfabrik, von der Hausmannskost zum abgepackten ›Light‹-Fertigmenü, vom selbstgemästeten Tier zum Mastbetrieb sind es nur ein paar Jahrzehnte. Heute holen wir das Brot vom Bäcker und das Fleisch vom Metzger. Unsere Nahrung erhalten wir sauber, chemisch entkeimt, gewaschen, zum sofortigen Gebrauch vorbereitet über den Supermarktkassentisch nach Hause, wo sie mit kleinstem Aufwand in der Pfanne landet.

Die Hausfrau, die nur für die Familie zu Hause ist und sonst keine Verantwortung hat, ist nicht einfach ›von Gott gegeben‹, sondern bildete sich als Lebensform erst in der zweiten Hälfte des vergangenen Jahrhunderts aus, wobei mit viel ideologischem Druck und psychologischen Theorien (ähnlich dem heutigen System der ›Public Relation‹) nachgeholfen wurde; nachzulesen in dicken Lehrbüchern der Sorte ›Mutteramt, ein heiliges Amt‹ oder ›Ein Lob der tugendsamen Hausfrau‹ auf Großmutters Dachboden.

Während sich die Industriegesellschaft in rasantem Tempo zu einer gestreßten, gesundheits- und umweltfeindlichen Leistungsgesellschaft weiterentwickelte, mußte ein Flucht- oder Erholungsort offengehalten werden: die Familie! Es braucht in diesem Zusammenhang keine große Denkakrobatik, um zu merken, welche wichtige gesellschaftliche Funktion die Hausfrau als ›Naturreservat‹ für die Regeneration des Mannes erhielt. *Er*, der nämlich (ob er will oder nicht) heute noch der harten Arbeitswelt zugeordnet wird, und *sie*, die ausgleichend (ob sie will oder nicht) dem privaten Erholungsraum zugeordnet wird, gleiche Rechte hin oder her. Die Technisierung vieler Lebensbereiche, der Ersatz von Arbeitsplätzen durch Maschinen und Computer, das erleben wir heute selbst, wirkt für den Menschen sozial sehr einengend. Viele technische Rationalisierungsmaßnahmen ersetzen den ganz alltäglichen Kontakt unter Menschen.

Heute erreicht ein berufstätiger Mensch den Arbeitsplatz und sein Zuhause, ohne ein einziges Wort gesprochen zu haben. Fahrkarten-Automaten anstelle der Bahnbeamten, Tankautomat statt persönlich bedienter Tankstelle, Selbstbedienung anstelle des Verkäufers oder der Verkäuferin beim Einkaufen, Stempeluhr beim Eingangsportal zur Arbeit, bargeldlose Lohnzahlung, bargeldlose Bezahlung der monatlichen Rechnungen: vom Bancomat bis zum Postomat ist kein zwischenmenschlicher Kontakt mehr nötig, oft aber auch nicht mehr möglich.

Es erstaunt wohl kaum, daß daraus ein emotionales Defizit entsteht. Die Kompensation dieses Defizits fällt in den Bereich der innerfamiliären Beziehungsarbeit und wird – oft mehr oder weniger bewußt – als Hauptinhalt der Haus- und Familienarbeit der Frau angesehen. Wie schön also, wenn *er* abends müde, den harten Konkurrenzkampf und Leistungsdruck ›draußen‹ hinter sich lassend, in eine gemütliche, geduldige Familienatmosphäre eintauchen kann, wo *er*, so die Erwartung, eine ganz individuell auf ihn eingestimmte Person vorfindet: ›*seine Hausfrau*‹.

Einen solchen Luxus kann sich eine Frau in derselben Situation nur in ganz bescheidenem Rahmen der Haushaltsführung mit Geld erkaufen. Ihre Hausfrau heißt dann Hausangestellte und der emotionale Abfallkübel- und Erholungs-Service, den der traditionelle Mann von seiner Hausfrau erwarten kann, fehlt.

Mit dem Verfall der Familie wird gedroht, beharrt die Frau innerhalb der Familie auf ihren eigenen Bedürfnissen (in derselben Weise, wie es der Mann tut). Man sieht dies nicht nur, wenn es darum geht, wer das TV-Programm bestimmt, sondern auch bei der Reaktion auf die Verweigerung vieler Frauen, sich von ihrer Familie nur als Dienstmädchen benutzen zu lassen.

Weit verbreitet ist das Vorurteil, die hohen Scheidungszahlen seien eine Folge des ›Egoismus‹ und der ›Emanzipationssucht‹ der Familienfrauen. Ist aber die Frau nicht emanzipiert, ist sie nur da als Ehefrau und tut sie sonst nichts ›Einträgliches‹ oder sichtbar Soziales, gerät sie schnell in den Verdacht des Parasitentums.

Es ist eigenartig: Die Erwartungshaltung der auf ›Leistung-heißt-Geld‹ getrimmten industriellen Gesellschaft ist doppelschienig und schizophren. Einerseits wird die Lebensform ›Hausfrau‹ als ›altmodisch‹ und ›unemanzipiert‹ empfunden, die Hausarbeit als solche verniedlicht.

Andererseits rechnet man mit einer geradezu unverschämten Selbstverständlichkeit mit diesem gratis ›Haus-Service‹. Man kann es drehen, wie man will. Aus der Sicht der heutigen Gesellschaft wird die junge Hausfrau höchstens nur in der Funktion als ›Mutter‹ legitimiert.

Ist es nicht so, daß sie sich oft nach allen Seiten entschuldigen muß, weshalb sie nun nicht berufstätig ist? Und wenn sie berufstätig ist, muß sie sich an ihrem Arbeitsort dauernd rechtfertigen, zum Beispiel bei der Frage von Überstunden: Sie braucht den pünktlichen Feierabend, um noch einkaufen zu können oder die Kinder rechtzeitig abzuholen.

Ob berufstätig oder nicht, Hausfrau bleibt sie mit allen damit verbundenen ›alten‹ Ansprüchen. Sie sollte immer dasein für ihre Familie, als erholsame Insel, auf der jedes Familienmitglied sich ausruhen kann. Immer zur Hand, immer zur Verfügung.

Kann die Frau diese Ansprüche auf Erholung und Geborgenheit wirklich befriedigen? Wohl kaum. Die Frau muß sich hier selbst an der Nase nehmen, denn sie stellt diese Ansprüche auch kaum je in Frage.

Ein wütendes »kann man in diesem Haus nicht einmal eine anständige Schere finden«, kann eine erwachsene kompetente Frau, die in ihrem beruflichen oder gesellschaftlichen Tätigkeitsbereich für ihre Gründlichkeit geachtet ist, in eine schuldbewußte Sünderin verwandeln.

Und ebenso schuldbewußt rennt sie in letzter Minute noch schnell ins Nebenzimmer und bügelt das Lieblingshemd des Mannes oder Sohnes oder näht den fehlenden Knopf an die Bluse der Tochter (doch, doch, auch der Tochter!).

Wer kennt sie nicht, die in ihrer Freizeit politisch tätige Mutter, die, ob berufstätig oder nicht, abgehetzt zur Sitzung kommt, nachdem sie zu Hause noch Vorarbeit geleistet hat, um ihren Partner bei Stimmung zu halten. Die, noch bevor sie das Haus verläßt, die Kinder in den Pyjama gesteckt, windelfertig gebadet und gepudert hat, Schulaufgaben abgehört und kontrolliert, die Gute-Nacht-Geschichte gelesen, das Nachtessen auf den Tisch und die Pantoffeln... ach nein, die holt er sich inzwischen doch selbst!

Das »Mami, dableiben« beim Abschied zerreißt fast das Mutterherz, obwohl das Kind, kaum ist Mama um die Ecke verschwunden, sich wieder beruhigt und mitspielt, während die Mutter von Gewissensbissen geplagt, das Weinen des Kindes im Ohr, dauernd an zu Hause denkt.

Obwohl Mutter und Hausfrau ein sehr anspruchsvoller und vielfältiger Job ist, wird diese Arbeit in unserer modernen Leistungsgesellschaft, die sich nur an Lohnarbeit orientiert, als wertlos eingestuft.

Erstaunt es da wohl jemanden, daß die Hausfrau und Mutter wenigstens bei sich selbst eine – wenn auch negative – Bestätigung sucht und die Ursache für ›unplanmäßige Ereignisse‹ in ihrer Umgebung zuerst bei sich selbst sucht und sich dementsprechend als Versagerin fühlt.

Denn fühlt sich nicht jede Frau auch gleichzeitig zuständig für das

Funktionieren der Familie, ja, aller Beziehungen um sie herum? Ist dies vielleicht nicht auch der Grund, weshalb uns Frauen dauernd – mehr oder weniger aufdringlich – unser schlechtes Gewissen beißt, sei es in Sachen Haushalt oder bei der Betreuung von Eltern oder Kindern, und dies ohne Unterschied, ob wir nun als Mütter berufstätig sind oder nicht?

5 Supermutter oder faules Ei?

Ich als Mutter bin schuld, wenn mein Kleinkind in der Öffentlichkeit brüllt, im Sandkasten seinem Spielgefährten mit der Schaufel eine überzieht, vor der Ladenkasse aus Wut den Kaugummiständer umwirft, bei Rot über die Straße läuft und im Bus aufsässig ist.

Manche Leute lassen es bei Blicken bewenden, andere erteilen laut beleidigende Ratschläge zur richtigen Erziehung. Ob im Laden, in der Trambahn oder im Restaurant, Mütter sind stets umgeben von Experten und Expertinnen. Und alle wissen es besser. Niemand aber erleichtert den Müttern ihre Aufgaben. So ist für Mütter zum Beispiel die Warteschlange vor der Ladenkasse ein täglicher Spießrutenlauf zwischen verführerischen Süßigkeiten, unbeherrschten Kindergelüsten und ungeduldig Anstehenden, die lächelnd bis kritisch zuschauen, wie die Mutter ihrem bettelnden Kind geduldig zu erklären versucht, weshalb es diese Süßigkeit nicht haben, ja, auch nicht berühren darf.

Die Zeit vergeht, die Schlange steht, und das Kind wird immer quengeliger.

Trotz mehrmaligen geduldigen Erklärungen gelingt es der Mutter nicht jeden Tag gleich gut, das immer lauter kreischende Kind zum freiwilligen Verzicht auf die verlockenden Süßigkeiten zu bringen. In einem solchen Moment kann es vorkommen, daß auch eine sonst geduldige Mutter, peinlich berührt davon, daß sie mit ihrem Kind plötzlich zum öffentlichen Mittelpunkt wird, gereizt reagiert und dem Kind sogar eine Ohrfeige gibt.

Die vorwurfsvollen Blicke der Umstehenden heben die Stimmung der Mutter auch nicht gerade.

Die Ohrfeige gehörte den Geschäftsführern verpaßt, die im klaren Bewußtsein, ja gerade diese Situation vorkalkulierend, ihr spezielles Schleckangebot an jeder Ladenkasse plazieren.

Und doch, wer hat nachher ein schlechtes Gewissen? Allein die Mutter, die sich erstens wegen ihrer schlechten Nerven und zweitens für ihr ›ungezogenes‹ Kind schämt. Jede Mutter hat nachher das Gefühl: »Einer *guten* Mutter wäre dies nicht passiert!«

Ja, ja, der ›guten‹ Mutter aus dem Erziehungsratgeber, je eifriger wir Mütter im gelebten Alltag dieser Idealgestalt aus dem pädagogischen und psychologischen Elfenbeinturm nachzuahmen versuchen, desto niedergeschlagener müssen wir erkennen, daß wir es nie und nimmer schaffen, desto deutlicher werden uns unsere ›Fehler‹ bewußt. Fast alle Mütter, die ich kenne, geben sich die Schuld, wenn mit ihrem Kind etwas schiefläuft.

Auch wenn ein großer Teil davon selbstproduzierte Schuldgefühle sind, werden sie kräftig durch die zahlreichen Kommentare aus der nächsten Umgebung oder dem populärwissenschaftlichen Expertenwesen geschürt.

Welche Mutter fühlt sich nicht schuldig an der ungenügenden Note im Zeugnis ihres Kindes? – Nebenbei bemerkt: Welcher Vater ist nicht stolz auf die guten Noten seines Sprößlings?

Welche Mutter empfindet es nicht als ihren eigenen Erziehungsfehler, wenn ihr Kind unter dem Klassendurchschnitt liegt? »Ich hätte mehr mit ihm üben sollen«, wirft sich die eine vor. Und das, obwohl an jedem Elternabend betont wird, daß Hausaufgaben einzig eine Sache zwischen Kind und Schule seien. Die Eltern sollen die Hausaufgaben nicht kontrollieren, das Kind wisse selber, was es zu tun habe.

»Du mußt jeden Tag mit ihm üben, dann klappt's schon«, rät eine andere Mutter, »ich habe mit meiner Tochter ein Jahr täglich gepaukt, und sie hat nur deshalb den Übertritt ins Gymnasium geschafft!«

Eine dritte will oder kann nicht täglich mit dem Kind pauken und hält es eher mit der Meinung einer Lehrerin, die sagt: »Wenn Ihr Kind mehr als 30 Minuten an den Aufgaben sitzt, dann stimmt etwas nicht, dann hat es zuviel Aufgaben.«

Wer ist nun eigentlich verantwortlich für die Leistungen der Kinder: Schule oder Mutter? Bei Fehlleistungen ist das Urteil klar: die Mutter (großzügigerweise auch Elternhaus genannt). Der Leistungsdruck in unserer heutigen Gesellschaft, und somit auch in der Schule, ist so groß, daß sich selten eine Mutter traut, diesem Erwartungsdruck zu widerstehen. Schließlich könnte ihr Kind später schlechtere Berufswahlchancen haben.

Wenn ich beobachte, wie sich Mütter bei Gesprächen mit medizinischem und Lehr-Personal (»Kontrollieren Sie auch regelmäßig, ob sich Ihr Kind die Zähne gut putzt?«) schuldbewußt in die seltsamsten Ausreden verhaspeln, dann ärgere ich mich über das schlechte Gewissen, das wir uns alle andrehen lassen.

Es bedrückt mich, mitanzusehen, wie eine Freundin seit dem Aids-Tod ihres 37jährigen Sohnes kaum mehr von ihren Schuldgefühlen und Selbstanklagen loskommt. Oder wie eine andere Mutter, inzwischen schon im Rentenalter, sich immer noch für das Unglück und die Partnerschaftsprobleme ihrer längst erwachsenen Kinder verantwortlich fühlt. Obwohl diese Mütter alles in ihren Kräften stehende getan haben, den eigenen Beruf und ihre Karriere aufgaben, um Kinder und Mann zu versorgen, haben sie oft das Gefühl, versagt zu haben.

Väter scheinen viel weniger anfällig für Schuldgefühle zu sein und haben seltener ein Gefühl der Unzulänglichkeit. Ausgenommen – vielleicht – die paar Väter, die die Betreuung der Kinder, vom Arztbesuch bis zum Bügelbrett, mit den Müttern teilen. Erst in jüngster Zeit spricht die Psychologie von der Schuld der Väter.[1]

Diese besteht vor allem in ihrer Abwesenheit; Väter sind nur am Feierabend und/oder Wochenende da. Das scheint sie allerdings bislang kaum zu stören. Dagegen kenne ich viele Frauen, die mit schlechtem Gewissen ihre Kinder ›abgeben‹, um einen winzig kleinen halben Tag pro Woche berufstätig sein zu können.

Und wehe, sie finden bei der Rückkehr ein heulendes Häufchen Elend vor der Tür, weil zwei Schulstunden kurzfristig ausfielen… Sie machen sich Vorwürfe und zermartern sich den Kopf, wie das in Zukunft zu verhindern sei. Sie bauen Doppelsicherungen ein und bemühen sich dabei, die netten Nachbarinnen trotzdem nicht zu sehr zu belasten. Sie werden höchstens etwas erbittert darüber sein, daß sich außer den Müttern heute niemand mehr an die Stundenpläne zu halten scheint und daß auch die Lehrerschaft bei der Festlegung der Stundenpläne mit Müttern rechnet, die rund um die Uhr zu Hause warten. Trotz bester Organisation gibt es immer wieder Pannen, und die Mütter fühlen sich auch dafür verantwortlich. (Sie hätten eben das Haus überhaupt nie verlassen dürfen).

So bin ich als Mutter, überzeugt von meinem Versagen und meiner

Schuld, auch leicht erpreßbar. Ich backe Kekse für den Pfadfinder-Weihnachtsverkauf, organisiere den jährlichen Kinderbazar und nähe Kostüme für die nächste Musikaufführung von ›Peter und der Wolf‹. Ich kreuze brav auf, wenn die Schule an die Eltern ein Schreiben richtet, ob und an welchen Montagen »... Sie bereit wären, zwischen 9 und 11 Uhr zum Schlittschuhlaufen (zwecks Schuhbinden) mitzukommen.«

Der Brief ist zwar netterweise an die Eltern gerichtet, doch welcher Vater nimmt sich am Montag zwischen 9 und 11 Uhr Zeit für seinen Familienstolz? Ich kreuze ebenso brav auf, wenn ich gefragt werde, »... an welchem der beiden vorgeschlagenen Samstagmorgen« die Schule mit meiner Mitarbeit fürs Schulhausfest rechnen kann. Und ebenso selbstverständlich wird Mama die verlangten Kuchen, Kekse, belegten Brötchen und Getränke (Zutreffendes bitte ankreuzen) für das ›Eltern-Frühstück‹ besorgen.

Zu oft darf ich – ganz besonders als teilweise berufstätige Mutter – diese Zettel nicht an mir vorbeigehen lassen. Sonst wundert man sich dann bei etwaigen Schulschwierigkeiten schon gar nicht mehr...

Tatsächlich getraue ich mich schon nach zweimaligem Passen kaum mehr, den Lehrern und Lehrerinnen in die Augen zu sehen. Deshalb mache ich schon zum Zwecke der persönlichen Psychohygiene eifrig Kreuzchen.

Die Mütter der älteren Generation beneiden die heutigen Mütter und weisen sie oft mit der Bemerkung zurecht: »Ihr habt es noch nie so gut gehabt wie heute.« Wenn sie damit die schwere körperliche Arbeit meinen, haben sie recht. Waschen, putzen und kochen, überhaupt die Sorge für das leibliche Wohl einer Familie, meist mit größerer Kinderschar, war härteste Arbeit und nahm den größten Teil des Tages in Anspruch. Das Wort ›Selbstverwirklichung‹ war für sie ein Fremdwort.

Ich möchte trotzdem behaupten, daß es die heutige Mutter mit ihren 1,6 Kindern trotz Abitur, Staubsauger und Waschmaschine kaum leichter hat als damals ihre Mutter. Waren die Mütter von früher durch die körperlichen Anforderungen, die vielen Geburten und die oft noch zusätzliche Berufstätigkeit physisch völlig überfordert, ist die Überforderung heute psychischer Natur.

Die Erwartungen an Mütter haben sich im 20. Jahrhundert enorm verändert und weisen völlig neue Schwerpunkte auf. Komplikationen sind da unausweichlich. Einerseits wurde das Kind als ›Persönlichkeit‹ entdeckt. Die ganze Kindheit veränderte sich und damit auch die Elternschaft, insbesondere die Mutterschaft.

Andererseits wurde im Zuge der Gleichberechtigung auch der Frau ein Recht auf Selbstbestimmung und Selbstverwirklichung zugestanden. Heute haben viele Mütter das Gefühl, zwischen Stuhl und Bank zu sitzen. Der Erwartungsdruck von außen reicht vom traditionellen »Die Mutter gehört zum Kind« zum emanzipatorischen – mit heraufgezogener Augenbraue: »Ach, Sie arbeiten nicht?«

So ist die Mutter von heute, geprägt und angeregt durch die Erwartungshaltung ihres jeweiliges Umfelds, versucht, vier verschiedenen Leistungsnormen gleichzeitig zu entsprechen.

Erstens der *praktischen* Norm, ein gute Hausfrau, eine initiative und gleichzeitig geduldige Mutter, eine gute Organisatorin, Freizeitgestalterin und notfalls noch Mitverdienerin zu sein.

Zweitens der *geistigen* Mindestnorm, die sie befähigt, so zu organisieren, daß sie die Bedürfnisse aller Familienmitglieder (die Schulpläne, die Hausaufgaben, die Hausarbeit, die Freizeitgestaltung) und den Beruf miteinander koordinieren kann.

Drittens der *sozialen* Norm, indem sie aus den genannten Gründen nicht nur Tagesablauf und Berufstätigkeit, sondern ihren ganzen Lebenslauf an die Bedürfnisse von Mann und Kind anpaßt. Sie stützt ihren Mann im Berufsleben, hört ihm aufmerksam und interessiert zu, fügt sich in seinen Freundeskreis ein. Sie nimmt Rücksicht auf seine Belastung. Der Freiraum des Mannes wird – im Gegensatz zu ihrem – von seiner ganzen Umgebung respektiert. Wir alle kennen den Satz: Pst, laßt Papa in Ruhe!

Auch die Entwicklung der Kinder fordert eine dauernde Anpassung der Mutter. Sie soll aus einer symbiotischen Beziehung zwischen Mutter und Kind nach und nach eine Beziehung zwischen zwei autonomen Personen werden.

Viertens sollte sie der *Schönheitsnorm* entsprechen, jung und sexy zu sein. Ob sie nun berufstätig ist oder nicht, heute darf und muß eine Frau auch als Mutter sexuell attraktiv sein. Wer kennt sie nicht, die gutgemeinten Ratschläge in Zeitschriften und Büchern: »Was Sie tun können, damit *er* nicht fremdgeht!« Oder die frohe Botschaft in einem bekannten internationalen Frauenmagazin: »Streß turnt Frauen an.« Was bei Männern bisher einzig als Lustkiller bekannt ist, soll bei Frauen das Gegenteil bewirken. Streß mache Frauen sinnlich, bereichere ihr Sexualleben. Schönheit und Jugendlichkeit sind Begriffe, die in der ästhetischen Normvorstellung unserer Gesellschaft bei Frauen offenbar zusammengehören.

Lieber jung und schön als alt und häßlich... »Jung – gleich – schön« scheint sich als erstrebenswertes Ideal vor allem für Frauen durchgesetzt zu haben.
Ein gegerbter Mann mit angegrauten Schläfen kann es alleweil ohne gesellschaftliches Nasenrümpfen mit einer knackigen Mitzwanzigerin aufnehmen, während der umgekehrte Fall für einen unverarbeiteten Ödipuskomplex spricht. Es scheint dabei trotz der psychologisierenden Verurteilung vor allem um ein ästhetisches Befremden zu gehen. (Daß die Frau in einer Partnerschaft die Mutterrolle übernimmt, ist nämlich absolut ›normal‹, auch unter Gleichaltrigen.)[2]

Eines ist gewiß: Der Jugendkult läßt sich ideal als Konsumanreiz – vor allem in der Schönheits- und Modeindustrie – vermarkten.
Schaut man sich die Frauenzeitschriften von heute an, unterscheiden sie sich trotz Glanzpapier nur oberflächlich von denjenigen der 60er Jahre, bei denen Betty Friedan schon 1966 den ›Weiblichkeitswahn‹ feststellte. Seither sind 25 Jahre vergangen. Grundsätzlich hat sich kaum was geändert. Die sexy Kindfrau der sechziger Jahre ist zur coolen, selbstbewußten, aber immer noch sexy und jungen Frau der 90er Jahre geworden; das Selbstbewußtsein soll sich allerdings nur auf den Körper beziehen. Ausgiebig werden Möbel, Mode, Kosmetik, Essen, Diäten und die Körper von 99,9 Prozent der jungen Frauen in Wort und Bild behandelt.
Zwischendurch mal ein Porträt oder Interview mit einer erfolgreichen Frau. Ist sie Mutter – selbstverständlich mit Partner –, wird betont, daß niemand zu kurz komme, daß sie diese und jene Hausarbeit gerne mache. Ihr Lieblingsrezept wird verraten – zum Nachkochen für ihre Fans. Keinesfalls darf das Lob auf ihren verständnisvollen Lebenspartner fehlen, der ihr bei der Hausarbeit ›hilft‹.

Neben 80 bis 100 Seiten Schönheitsmarkt und weiterer 20 bis 30 allgemein-informativen Seiten, wo viel von Karriere und Partnerschaft und wenig von Müttern die Rede ist, mangelt es nie an vielfältigen Tips, wie Männer zu behandeln seien. Mehr oder weniger versteckt wird die traditionelle Lebenslehre verbreitet, daß die Frau dem Mann gefällig sein soll und emotional zuständig sei für das Funktionieren der Partnerschaft. Mehr Geduld und Verständnis, dann geht's bestimmt. Klappt es nicht, hat sie vermutlich ihre Gefühlsantennen nicht richtig gestellt. Vielleicht hilft eine neue Diät?

Die Daueranforderung, zwischen gleichwertigen Zielen zu entscheiden und widersprüchliche Interessen zu verbinden, führt zwangsläufig bei vielen Frauen zu Überforderung. Das Superfrau-Syndrom, das heißt das Gefühl, alles gleichzeitig sein zu können und machen zu müssen, hat das Hausfrauen-Syndrom vergangener Jahrzehnte abgelöst. In den USA gibt es sogar bereits Hilfsorganisationen wie ›Superwomen Anonymous‹, analog zu den ›Anonymen Alkoholikern‹!

Die Frauen leiden heute – fast – alle unter dem Zwang zur Superfrau. Die Mütter leiden ganz besonders darunter, da sie gleichzeitig auch noch Supermütter sein sollten. Verweigern sie sich diesen neuen Erwartungen, werden sie belächelt, als unemanzipiert, dumm, als Phlegma, kurz, als faules Ei abgetan!

Der Weg der Frauen verläuft heute meist zwischen Aufbruch zum Neuen und Verharren im Traditionellen, weil Bekannten. Die schizophrene Situation zwischen theoretischem Ideal und moderner Realität zwingt uns Mütter zu einer oft unfreiwilligen Vielseitigkeit.

Dennoch sind Frauen nicht einfach nur Opfer. Immer mehr versuchen sie, ihren individuellen Handlungsspielraum zu erweitern. Spannungen und Brüche im Lebenslauf können auch eine Chance sein, weil Selbstverständliches in Frage gestellt wird.

6 Die Lust aufs Muttersein

Trotz des Widerspruchs zwischen Erwartungen und realen gesellschaftlichen Bedingungen entscheiden sich viele Frauen dafür, Kinder
zu haben.

Nach dem 30. Geburtstag, dieser vermeintlich so wichtigen Alters-
grenze, beginnen auch viele bis dahin überzeugte ›kinderfreie‹ Frauen
zaghafte Gespräche über das Ob und Überhaupt, beginnt das Abwägen
zwischen Aufwand und persönlichen Opfern, das Philosophieren über
den Sinn des Lebens, die Natur und den Instinkt.

Immer häufiger finden sie in ihrer Post Geburtsanzeigen, die frau
zum Teil in Verwirrung stürzen, kommen sie doch von Leuten, denen
man es ›nie zugetraut‹ hätte.

Tatsächlich stieg die Geburtenrate in Europa gegen Ende der 80er
Jahre erstmals wieder etwas an. In der BRD zum Beispiel, stellten
Statistiker fest, ist seit 1985 immerhin eine Steigerung von 15 Prozent
zu verzeichnen.

Mutterschaft wird wieder als Ereignis gefeiert.

Haben sich die Frauen wieder auf ihre ›Natur‹ besonnen, ist der
vielzitierte berühmt-berüchtigte ›Instinkt‹ nun doch durchgebrochen?
Die Sozialpsychologin Christiane Schmerl, Lehrbeauftragte an der
Universität Bielefeld, verneint dies entschieden: »Heute ist weniger
denn je gesichert, daß Frauen qua Natur einen Kinderwunsch haben.«
Ihrer Meinung nach spricht schon klar gegen das ›Natur‹-Argument,
daß »etwas so selbstverständliches und natürliches wie der Kinderwunsch« sozial erzeugt werden müsse.[1]

Wäre der Instinkt so durchschlagend, dann würden Frauen heute
nicht freiwillig auf Kinder verzichten und trotzdem – dies ist inzwischen nicht mehr zu übersehen – ein befriedigendes ausgefülltes
Privat- und Berufsleben führen.

Lenkt man den Blick von ›Natur‹ und ›Instinkt‹ hin zur ›Sinnfrage‹
des menschlichen Lebens, erhält der Kinderwunsch auch einen neuen
Aspekt.

Das 20. Jahrhundert hat für viele ein Maß der Sicherheit und des Wohlstands gebracht, das das früherer Generationen bei weitem übertrifft. Die berufliche Tätigkeit ist weniger von Unterbrechungen bedroht, das Einkommen ist verläßlicher, die Gesundheitsfürsorge ist umfassender usw. Und doch haben diese Fortschritte auch ihren Preis. Viele von uns leben im Wohlstand, aber haben dabei ein Gefühl der Flachheit, ja sogar Leere, in vielen Bereichen (…) ein geringes Gefühl von Bedrohung – und gleichzeitig ein wachsendes Gefühl der Monotonie und Sinnlosigkeit.[2]

Die Generation der ›Hochkonjunkturkinder‹, welche weder Kriege noch ernsthafte Krisen erlebt hat, kann heute theoretisch ihre Lebensformen selbst wählen. Dies heißt für viele Frauen, mit der Loslösung von alten traditionellen Lebensmustern gleichzeitig auch den eigenen Bedürfnissen gerecht zu werden.

Doch gerade für die heute gut qualifizierten Berufsfrauen ist die Anpassung an Beruf und Karriere, an die Strukturen der Berufsanforderungen, wie sie von Männern für Männer gemacht sind, in der bestehenden Form oft einfach nicht akzeptabel. Aber welche Alternative bleibt ihnen?

Vorbilder, wie ein befriedigender neuer Lebenslauf für Frauen aussehen könnte, gibt es nicht. Und weil alte Bezugspunkte fehlen und neue nicht dauerhaft sind, entsteht für viele Berufsfrauen oft irgendwann eine Unsicherheit und Sinnkrise. »Ein Kind mag die Antwort sein für das ›existenzielle Vakuum‹, wenn die weibliche Normalbiographie in ein Niemandsland gerät zwischen ›nicht mehr‹ und ›noch nicht‹« mutmaßt Beck-Gernsheim in ihrem Buch *Die Kinderfrage.*

Statistiker sprechen von einer großen Zahl von nachgeholten Geburten und führen diese auf ein verändertes generatives Verhalten der Frauen zwischen Ende Zwanzig und Ende Dreißig zurück. Das Gebäralter der ›Erstgebärenden‹ steigt immer noch unaufhaltsam in die Höhe. Im amerikanischen Magazin *New York* schwärmten 1989 sogar Frauen im Alter von »45 and beyond« über »terrific experiences«.

Es ist auch eine alte Beobachtung, daß um die Zeit der Lebensmitte bei vielen Menschen eine Neuorientierung und ein Wertewandel festgestellt werden kann – unbhängig davon, ob sie in erfolgreichen oder monotonen Berufs- und Lebenssituationen leben.

Dazu kommt noch die Erkenntnis, die Hälfte des Lebens schon durchschritten zu haben, die klarere Sicht auf die eigene Endlichkeit, was viele Menschen sensibler auf ihre eigene Bedürfnisse reagieren läßt. Für diese Situation hat sich der Begriff ›Midlife-crisis‹ eingebürgert.

Männer wechseln oft in dieser Zeit ihre Frauen aus und/oder werden zu ›Aussteigern‹. Berufsfrauen in erfolgreichen Positionen besinnen sich zusätzlich noch auf eine andere ›legitime‹ Ausstiegsmöglichkeit und zusätzliche Bereicherung ihres Lebens, auf einen neuen ›Kick‹: ein Kind!

Selbstverständlich sind Frauen auf der oberen ›Erfolgsebene‹ selten und nicht vergleichbar mit den meisten Berufsfrauen, für die ein Kind sofort einen spürbaren Knick in der Berufsbiographie bedeutet. Mehr oder weniger neidlos muß Normalfrau zugeben, daß die Sophia Lorens, Jessica Langs, oder wie sie alle heißen mögen, meistens das nötige Umfeld und Kleingeld für eine ›individuelle, private Betreuung‹ ihres Kindes und gleichzeitig die Möglichkeiten haben, bald wieder ›oben rein‹ ins Berufsleben zurückkehren zu können.

Im Gegensatz zu Frauen mit einer kurzen oder keiner Ausbildung, welche – so zeigen verschiedene Untersuchungen – in Kindern eine ›Lebensaufgabe‹ und ›Heimat‹ sehen, betrachten finanziell unabhängige Frauen und solche mit höherer Schulbildung ein Kind als ›dynamisches Element‹, das sich selbst entwickelt oder zur eigenen Weiterentwicklung beiträgt. Auf die ›neue Frau‹ übertragen stellt sich die Frage, wie Mutterschaft mit der inneren Entwicklung zusammenpaßt und ob das Kind einen weiterbringt oder blockiert.

Auch Frauen aus unselbständigen, monotonen Hilfsberufen entwickeln oft nach einigen Jahren Vollerwerbstätigkeit eine Berufsmüdigkeit und das Bedürfnis, den Alltag und die Arbeit autonom zu bestimmen.

Die berechtigte Befürchtung, ein Kind könnte sie gänzlich in die Hausfrauenrolle drängen und ihr Partner würde sich noch mehr von der Mithilfe im Haushalt zurückziehen, läßt viele Frauen jedoch einige Jahre zögern, um dann – die biologische Uhr tickt – doch

54

noch dem Drang nach einem Sinn ihrer Existenz nachzugeben, »ein Kind, für das es sich zu leben und zu arbeiten lohnt«, wie es Beck-Bernsheim formuliert.

Doch aufgepaßt: Daß die Frau allgemein noch immer stark auf die Mutterrolle fixiert ist, darf keineswegs nur als Ergebnis einer patriarchalischen Verschwörung angesehen werden. Auch die Frauen selbst verteidigten diese Rolle bisher erfolgreich – und verteidigen sie heute noch!

Weshalb? Worin liegen die Vorteile?

Diese scheinen im besonderen in der Familienarbeit zu liegen. Dazu gehört auch die Hausarbeit und Kinderpflege – in der industriellen Gesellschaft eine der wenigen Tätigkeiten, die kaum entfremdet ist. Die Prioritäten müssen nicht gesetzt werden, sie drängen sich von selbst auf. Das Kleinkind hat die Hosen voll – also muß es gesäubert werden. Es schreit vor Hunger – also muß es gefüttert werden. Die Beeren oder Zwetschgen sind reif – also müssen sie gepflückt und verarbeitet werden. Man sieht vom Anfang bis zum Ende – ob beim Kochen, Windelnwechseln, Fensterputzen oder der Gartenarbeit – was man macht und wofür.

Auf den ersten Blick erscheint der familiale Arbeitsbereich als Ort freier, selbständiger, selbstbestimmter Arbeitsgestaltung. Dieser Eindruck kann allerdings täuschen. Der Alltag der Hausfrau wird von außen durchaus strukturiert. Freiheit und Selbstbestimmung sind eingeschränkt. Allerdings bildet diese relative Autonomie einen angenehmen und hochgeschätzten Gegensatz zur Fremdbestimmtheit, die viele Frauenarbeitsplätze in besonderer Weise kennzeichnet. Als befriedigend heben viele Hausfrauen die Arbeit mit den (Klein)Kindern hervor. Das mag unter anderem damit zusammenhängen, daß dieser Teil der Familienarbeit gesellschaftlich die höchste Wertschätzung genießt und der Einsatz für das Kind auch direkt durch dessen Zuneigung ›entschädigt‹ wird. In der Nachkinderphase allerdings leiden Hausfrauen oft an der Leere und Monotonie im häuslichen Arbeitsbereich.[3]

Das Festhalten der Mütter an der traditionellen Hausmutterrolle ist durchaus eine rationale Verhaltensstrategie, die verständlich ist, solange in der weiblichen Biographie der Status der (ehelichen) Mutterschaft in weiten Kreisen angesehener ist als derjenige der Berufsfrauen und solange Frauen keine *gleichwertige* Möglichkeit zur ganzheitlichen Arbeit haben, das heißt: Kind und befriedigender Beruf einerseits, und Ansehen und Einfluß in der Gesellschaft andererseits. Diese Strategie kann selbstverständlich neben vielen Illusionen auch die Gefahr bergen, alles Neue als bedrohlich abzublocken, sich selber nicht anzustrengen oder zu helfen. Dies kann leicht zur Folge haben, daß die Frau sich selbst immer nur als ›Opfer‹ sieht.

Die meisten Frauen freuen sich während der Schwangerschaft auf ihr Kind und sind später auch gerne Mütter, die ihre kleinen Chaoten genießen. Die warmen Ärmchen um den Hals und das treuherzige »Mami, du bist lieb« entschädigen die übernächtigte Mutter, die mit Ringen unter den Augen am Küchentisch sitzt und ermattet ihren Morgenkaffee zu sich nimmt, für die nächtlichen, teils stündlichen Beanspruchungen durch das Kind.

Und wer kann sich schon das Lächeln verkneifen beim berühmten ›Du-wärst-und-ich-würde‹-Spiel, das sogar darin gipfeln kann, daß der Vorschlag kommt: »Also Mami, wir spielen jetzt, du wärst meine Mutter und ich wäre dein Kind und ich würde... usw.«

Wir Erwachsene stehen oft fassungslos und fasziniert zugleich vor diesem eigenwilligen, phantasiegefüllten, ungehemmten, chaotischen Geschöpf, das es fertigbringt, daß ein erwachsener Mensch (ohne Werbung) ›meilenweit‹ geht oder fährt, um dem Kind seine vergessene Musikdose, sein Tierchen oder seine Flasche zu holen, damit es ›glücklich‹ einschläft. Ein Kind bringt es fertig, alle Wert- und Ordnungsvorstellungen, die man früher im Griff zu haben glaubte, auf den Kopf zu stellen und zu verändern.

»Ja, weshalb, wenn es so schön ist, beklagt ihr euch denn?«, lautet die gereizte Frage an die Mütter.

Tatsächlich werden Kinder, obwohl sie von ihren Müttern willentlich zu ihrem Lebensinhalt gemacht wurden, überwiegend negativ thematisiert. Neben dem Idealfall ›der liebevollen, befriedigenden, partnerschaftlichen Beziehung zum Kindesvater‹ müssen eben auch noch andere Faktoren stimmen, wie zum Beispiel Wohnverhältnisse, finanzielle Situation, geistige Anregung und Anerkennung der geleisteten Arbeit.

Für viele Frauen ist es schwierig, den Reichtum zu genießen, den die Zeit als Mutter mit sich bringt. Am Kind selbst, beteuern die Mütter immer wieder, liegt es nicht. Das Gebrauchtwerden durch das Kind gibt der Mutter zwar einen Lebenssinn, aber wenn die Rede auf das ›Mutterglück‹ im Alltag kommt, hebt ringsum ein Stöhnen von – oft chronisch übermüdeten – Müttern an.

Viele Mütter von Kindern unter 18 Jahren fühlen sich als Versagerinnen, besonders erwerbstätige Mütter, ob alleinstehend oder nicht. Sie erschweren sich ihre Lage oft noch zusätzlich selbst, indem sie ihre Situation andauernd mit dem offiziellen Familienideal des ›Familienvater-bietet-Sicherheit‹-Bildes vergleichen, das es im Alltag kaum gibt. Deshalb entwickeln sie das Gefühl, gar nichts richtig zu machen, zu nichts zu kommen.

Kinder ja, aber nicht so wie bisher, ist die unausgesprochene Warnung der gebärmüden Frau von heute.

Die Mutterlust vergeht ihr in einer Zeit, die ja für jeden Menschen leicht ersichtlich immer kinderfeindlicher wird. Es braucht eine Menge Idealismus, um trotz Tschernobyl, überhöhter Ozonwerte, brutal-steriler Wohnverhältnisse in der Schrumpfküche das Fläschchen für ein eigenes Kind wärmen zu wollen.

TEIL 2

Mütterlichkeit
im historischen Wandel

1 Rousseaus Erbe

Wären ›Natur und Instinkt‹ so stark, wie man uns Frauen immer noch glauben machen will, wäre der Geburtenrückgang heute kein Thema! Denn Frauen würden, gebärfreudig, von ›Natur und Instinkt‹ getrieben, ein Kind nach dem anderen in die Welt setzen.

Auch der oft zum Beweis herangezogene Vergleich mit der Tierwelt hinkt. Bei Ratteneltern zum Beispiel mag die Natur allein ausreichen, um vierzig Tage instinktive Elternschaft zu sichern. Doch bei Menschen braucht es schon etwas mehr als Hormone allein, um fast 20 Jahre ›fürsorgliche‹ Elternschaft zu gewährleisten.

Für die – von Erwartungen überhäufte – Mutter des 20. Jahrhunderts erweist es sich in ihrer Situation als sehr hilfreich, einen Blick zurück in die Vergangenheit zu werfen. Denn damit relativiert sich einiges!

Erstaunt verfolgt sie die Verschiebung von Prioritäten beim Thema ›Kind‹: Wie das Kind, das bis in die Mitte des 18. Jahrhunderts weitgehend unbeachtet blieb, plötzlich ein Seelenleben erhält, das eine spezielle mütterliche Zuwendung braucht. Wie Psychologen und andere Experten Ende des 19. Jahrhunderts beginnen, die Besonderheiten der Mutter-Kind-Beziehung zu betonen und die Vollzeitbetreuung durch die Mutter als unabdingbare Garantie für die gesunde Entfaltung des Menschen vorauszusetzen.

Sie wird feststellen, daß es mit der vielgerühmten ›Mutterliebe‹ und dem ›fürsorglichen Instinkt‹ gar nicht so weit her ist. Daß von ihnen erst seit knapp 200 Jahren die Rede ist. Und daß dieser ›fürsorgliche Instinkt‹ den Frauen beigebracht werden mußte.

Als Anfang der 60er Jahre Philip Ariès als erster Wissenschaftler die Öffentlichkeit mit der Behauptung konfrontierte, daß in der vielzitierten ›guten alten Zeit‹ Mutterliebe eine Rarität gewesen sei, war die vom ›Mutterkult‹ der letzten 100 Jahren geprägte Gesellschaft schockiert.

Ariès belegte mit umfangreichem Quellenmaterial, wie bis Ende des 18. Jahrhunderts allgemein eine ausgeprägte Gleichgültigkeit der europäischen Mütter ihren Kleinkindern gegenüber zu beobachten war.

Weit verbreitet war zum Beispiel (abgesehen vom Ammenwesen in Frankreich) in ganz Europa die Sitte, Kleinkinder, nachdem man sie vorher mit Abführmitteln ›entleert‹ hatte, wie eine Mumie an ein Brett zu wickeln (Steckwickel) und sie dann strammgewickelt stundenlang, teilweise den ganzen Tag lang, in ihren Exkrementen, unbeaufsichtigt zu Hause vor der Herdstelle liegen zu lassen, während die Mutter auf dem Feld oder auf der Stör[1] war. Ärzte beklagten sich zu jener Zeit oft über verbrannte Kinder und über unbewachte Kinder, die von Hofhunden angegriffen und gefressen wurden.

Noch 1900 berichtet ein Arzt, wie er auf seinen Rundfahrten auf der Ile de Rè während der Erntezeit Bauernhütten unverschlossen und verlassen vorfand, in denen Säuglinge lagen, »verlassen in ihren Wiegen, nur ein Stück Obst neben ihnen oder ein Kanten Brot, vielleicht sogar einen mehr oder weniger sauberen Lappen zum Saugen«.[2]

In einigen Regionen Europas (unter vielen Beispielen seien hier nur Wien, Stuttgart und Toul genannt) war es bis Ende des 19. Jahrhunderts üblich, wache Kleinkinder durch heftiges, betäubendes Wiegen und Schütteln in den Zustand der Bewußtlosigkeit zu bringen. Vergeblich prangerten schon seit Ende des 18. Jahrhunderts aufgeklärte Ärzte diese Praxis an und erklärten, daß diese Methoden höchstens dazu geeignet seien, »eine vorübergehende Betäubung hervorzubringen, welche zu Stupidität«[3] führen könne.

Wache Kleinkinder waren lästig. Die Frauen hatten viel zu tun mit der harten Stör-, Land- und Heimarbeit. Zusätzlich mußten alle Kleidungsstücke selbst hergestellt werden. Landfrauen mußten neben der Hausarbeit noch beispielsweise Kartoffeln umgraben, Gräben ausheben, dreschen, jäten. Die Gemüsezucht und das Pflegen des Kornfelds galten bis in die Neuzeit als ausschließliche Frauenarbeit. Die harten Existenzbedingungen, die schlechte Ernährung vor allem der Frauen, die gesundheitlichen Schädigungen durch häufige Schwangerschaften mit Gebärmuttervorfällen, Unterleibsinfektionen, Fisteln, Dammrissen, ließen jedes Kind zur zusätzlichen Last werden.

Das traditionelle Desinteresse Kindern gegenüber hängt unter anderem auch mit der damals großen Kindersterblichkeit zusammen: jedes zweite Kind starb im Kleinkindalter. Schon aus Selbstschutzgründen mußten Eltern eine gefühlsmäßige Distanz zum Kind bewahren.

Andererseits waren – soll man Sozialhistorikern und -historikerinnen glauben – europäische Durchschnitts-Eltern vor 1850 kaum fähig, sich in die Lage ihrer kleinen Kinder zu versetzen. Das Kleinkind wurde selten als menschliches Wesen wahrgenommen, das Schmerz und Leid so empfindet wie die Erwachsenen selbst.

Für sich allein genommen war das Kind uninteressant, und behütet und geschützt wurde es lediglich wegen der Zukunftsaussichten, die es bot, wie Altersversorgung oder Heiratsmarkt.

Das Desinteresse und die Unsensibilität dem kindlichen Innenleben gegenüber ist heute erklärbar unter dem Aspekt, daß die Erwachsenen damals, geprägt vom harten existenziellen Lebenskampf, miteinander auch nicht gerade zimperlich umgingen.

In der mittelalterlichen Hauswirtschaft lebte der große Teil der europäischen Bevölkerung in einer Familien- und Arbeitsgemeinschaft; im sogenannten ›Ganzen Haus‹[4]. Das bedeutete: Sie arbeiteten, schliefen und ernährten sich am gleichen Ort. Alle Familienmitglieder arbeiteten hart und lebten nicht selten am Existenzminimum.

Im Gegensatz zu England lebte die mitteleuropäische Bevölkerung noch bis Mitte des 19. Jahrhunderts überwiegend von der Landwirtschaft. In der traditionellen Hauswirtschaft wurden Kinder nach dem gleichen Maßstab gemessen wie die anderen Mitglieder der Hausgemeinschaft. Ihr Wert wurde nach ihrem Nutzen als Arbeitskraft eingeschätzt. Eine spezielle Pflege wurde ihnen nicht zuteil. So wurden sie, kaum waren sie arbeitsfähig, mit sieben oder zehn Jahren in den Dienst anderer Leute gegeben. Emotionale Bindungen bestanden oft stärker zu Geschwistern und Dienstboten als zur leiblichen Mutter.

Das Kind im Mittelpunkt, liebevoll betreut, die enge Vertrautheit zwischen Eltern und Kind, wie wir sie heute kennen, sind also keine ›natürlichen‹ Selbstverständlichkeiten, wie oft angenommen.

Ein neues Empfinden und Verständnis für das Kind als solches wird erst seit dem 18. Jahrhundert erkennbar und findet seinen Ausdruck in den Gedanken Rousseaus und seiner Nachfolger. Gestützt auf Aristoteles, der als erster die Autorität des Ehemannes und Vaters (aufgrund seiner ›natürlich‹ überlegenen weil gottähnlichen Rolle als ›Samenlieferant‹) philosophisch rechtfertigte, faßte Rousseau die neuen Ideen der Aufklärung in seinem Erziehungsroman *Emile* zusammen und gab ihnen eine klare Form.

Dieser Klassiker der Erziehung gab den eigentlichen Anstoß zur modernen Familie, die auf dem Prinzip ›Mutterliebe‹ beruht. In seinen nach aristotelischer Manier aufgestellten ›Natur‹-Gesetzen behauptete Rousseau, die Frau besitze auf Grund ihrer ›angeborenen Tugend‹ und ihrer Gebärfähigkeit auch ein angeborenes Talent, Kinder aufzuziehen. So legte Rousseau das Fundament für das Mutterbild des 20. Jahrhundert.

Da Rousseaus Kind ›von Natur aus gut‹ ist, kann es, wenn etwas schief läuft, konsequenterweise nur die Erziehungsperson sein – das ist heute die Mutter – die das Kind ›verpfuscht‹ hat. Die Schuldenlast – Rousseaus Erbe – tragen die Mütter nun seit 200 Jahren mit sich herum.

Der Gerechtigkeit halber muß gesagt werden, daß wir nicht nur Rousseau allein diese Bürde zu verdanken haben. Er war nur ein, wenn auch eminent wichtiger Eckpfeiler in der Tradition einer uralten jüdisch-christlichen, religiösen Vorstellung von der Frau, von der wir noch heute geprägt sind.

Die Erbsünde, begangen von der ersten Frau und seitdem unabwendbar in der Welt vorhanden, ist Schuld genug für alle nachfolgenden Frauen.

Evas Griff nach dem Apfel, die Vertreibung aus dem Paradies und der Fluch Gottes: »Ich will dir viel Schmerzen schaffen, wenn du schwanger wirst; du sollst mit Schmerzen Kinder gebären; und dein Verlangen soll nach deinem Manne sein, und er soll dein Herr sein«[5] wurden fortan jahrhundertelang als ›natürliche‹ Ur-Beweise und Begründung für die ›Schwäche und Falschheit‹ des Weibes und ihre Pflicht zur Unterordnung angeführt.

Die Geschichte der Schöpfung Evas aus der Rippe Adams wird bis heute noch von Teilen der Kirche als Beweis herangezogen, um die Minderwertigkeit der Frau zu bekräftigen, obwohl diese Version der Schöpfungsgeschichte durch bestimmte Forschungen schon seit längerer Zeit in Frage gestellt wird.

PrähistorikerInnen und SprachforscherInnen sind überzeugt davon, daß hier ein bewußter Übersetzungsfehler aus der sumerischen Urfassung vorliegt (das sumerische Wort ›TI‹ bedeutet gleichzeitig: ›zeugen‹ und ›Rippe‹). Die sumerische Stammesmutter Eva wurde in ein Stück Rippe umgewandelt und somit entmachtet. Mohammed wiederholte, aus denselben Quellen schöpfend, im 7. Jahrhundert n.Chr. dasselbe auf seine Art. Er kreierte ›seine‹ eigene Schöpfungsgeschichte und machte aus der islamischen Urmutter Uzzra ein Töchterchen Allahs.[6]

Lange Zeit war den Menschen der Zusammenhang zwischen Zeugung und Schwangerschaft nicht klar. In prähistorischen Zeiten wurde der Frau durch ihre Gebärfähigkeit eine göttlich-schöpferische Kraft zugestanden. Funde aus dieser Zeit zeugen von diesem Frauenkult.

Wie der Bewußtseinswandel von der ursprünglich geachteten Frau zur triebhaften Verführerin sich in den letzten paar Jahrtausenden vollzogen hat, mag das Beispiel der Ziegenbockgottheit Asasel darstellen.

Asasel war ursprünglich eine Gottheit, die im Ziegenbock versinnbildlicht und verkörpert war.(…) Als gehörnter Gott ist die Ziege ein Bild für ursprüngliche, schöpferische Energie, für zeugende und zerstörerische Kraft, von Begierde. Als Steinbock erscheint sie auf frühen sumerischen Walzsiegeln, meist aufgerichtet, drohend, zusammen mit der Großen Göttin: das Zicklein mit der Mutter.[7]

Asasel, der Ziegenbockgott, war ursprünglich nicht nur ein Fruchtbarkeitsgott und ein Gemahl der Großen Göttin (der vedischen, afrikanischen, orientalischen und europäischen Mythologie), er war gleichzeitig auch der Gott des semitischen Hirtenvolks und Heiler. Die Gottheiten der Mythologie vereinigten in sich immer beides: die bedrohliche und die hilfreiche Macht.

Jahve der Himmelsgott, seit jeher ein Gott des zerstörerischen Wahns, war auch gleichzeitig der Gott des Mitleids und der Treue. Er wurde später zum Symbol des Übergangs von den unberechenbaren ›wüsten‹ Göttern der prä-hebräischen Zeit zum ›liebenden‹ Gott der Neuzeit. Mehr und mehr kam es in Mode, Asasel die negativen Merkmale von Jahve anzuhängen und seine eigenen guten wegzuleugnen und fortan Jahve als den Schöpferischen im guten Sinne anzusehen.

Das eingangs des Buches erzählte Sündenbock-Ritual der Bibel ist keine Erfindung der biblischen Vorväter, sondern eine Abwandlung des viel älteren babylonischen Brauchs ›kuppuru‹, das den Ritualtod eines menschlichen Opfers forderte. Dieser ›Sündenbock-Jahreskönig‹ wurde einmal im Jahr, am Neujahrsfest, dem Ziegenbockgott Asasel geopfert. Mit diesem Opfer erwartete sich das vorhebräische Volk für das neue Jahr eine Vereinigung des Guten mit dem Bösen, das Austreiben von Krankheiten, das Reinigen und Erneuern der Gemeinschaft.

Asasel, der Ziegenbockgott, wurde von den biblischen Vorvätern vom Gott zum prä-hebräischen Naturdämon umgewandelt und zum Sündenbock des Gottes Jahve gemacht, bis er schließlich in der Bibel als aufrührerischer, gefallener Engel neu definiert und als Satan endgültig das Sinnbild der Verführung und des Bösen im Menschen darstellte.

Asasel wurde von den biblischen Vorvätern mit dem Weiblichen, mit sinnlicher Schönheit, mit den unterdrückten Gefühlen, Ängsten und mit Naturreligionen in Verbindung gebracht. Ihm wurde von den jüdischen Patriarchen nachgesagt, er verführe die Frauen zur Sünde und die Männer zum Krieg.

Und der Frau wurde zukünftig ähnlich wie Asasel die Funktion des triebhaften, unberechenbaren und dämonischen Dunklen zugewiesen. Galten Menstruation, Schwangerschaft und Geburt in diesen früheren Kulturen immer als ein *ausgegrenzter*, aber *geachteter*, teils *magischer* Lebensbereich, wurde dieser später von den hebräischen, jüdisch-christlichen und islamischen Religionen in die Vorstellung von Unreinheit umgewandelt und mit einem triebartigen und tierähnlichen Zustand in Zusammenhang gebracht.

So definierte zum Beispiel der heilige Augustinus die Frau als ›Kloake‹[8] und beschrieb sie als »ein Tier, das weder entschieden, noch beständig ist, haßerfüllt, auf Schlechtigkeit sinnend«[9]. Augustinus Aurelius (354-430), dies scheint aus historischen Quellen hervorzugehen, galt übrigens – wie 1400 Jahre später auch Rousseau – als ein eifriger Bewunderer von Aristoteles. Seine Texte sind eine Fundgrube für frauenfeindliche Äußerungen.

Im Konzil von Nicea im 4. Jahrhundert n. Chr. entschieden die kirchlichen Autoritäten, daß auch eine Frau eine Seele habe. Das wurde quasi notwendig durch den an diesem Konzil gefaßten Beschluß, der Mensch (Mann) erhalte seine Seele schon im Mutterleib. Weil sie noch nicht im Stande waren, das Geschlecht der Föten im Mutterleib zu bestimmen, gaben die weisen Kirchenväter zur Sicherheit beiden Geschlechtern eine Seele. Mit einer Unterscheidung jedoch: ein männlicher Embryo wird schon nach 40 Tagen beseelt, ein weiblicher aber erst nach dem 80. Tag der Schwangerschaft.[10]

Es darf gerätselt werden, woher sie ein solches ›Wissen‹ bezogen. Vielleicht aus Aristoteles' Lehrbüchern?

Gerade sein Buch *Über die Entstehung der Lebewesen* hatte neben der Bibel den wohl nachhaltigsten Einfluß auf die Frauenverachtung in der abendländischen Kulturgeschichte. Es galt vom 4. Jahrhundert v. Chr. bis ins 17. Jahrhundert als Standardwerk der Embryologie und spricht eine deutliche Sprache:

»Die Frau stellt immer das Material zur Verfügung und der Mann das, was diesem Material seine Form verleiht«, erklärt Aristoteles selbstsicher. »Wir müssen den weiblichen Zustand als eine Deformation ansehen, allerdings als eine von der Art, die in der Natur immer vorkommt.«[11]

Aristoteles hat wohl gedacht wie ein Mann seiner Zeit. Schließlich war dieses Denken zu seiner Zeit zweckmäßig, deshalb funktionierte es auch. Mit seiner Zeugungstheorie, nach der die Frau nur das Gefäß sei, welches den Samen des Mannes reifen lasse (ähnlich wie der Samen in der Erde), rechtfertigte Aristoteles auch die ›natürliche‹ Dominanz des Mannes und die Minderwertigkeit der Frau.

Und gerade diese Theorien über Substanz und Form der Schöpfung setzten sich hartnäckig in der christlichen Lehre fest. Thomas von Aquin schrieb im 11. Jahrhundert die aristotelischen Lehrsätze in eine Form um, die jahrhundertelang erhalten blieb:

In bezug auf die individuelle Natur ist die Frau unvollständig und mißlungen, da die aktive Kraft des männlichen Samens die Neigung hat, die perfekte Entsprechung des männlichen Geschlechts zu reproduzieren, die Schaffung einer Frau jedoch kommt von einem Fehler in der aktiven Stärke oder von einem materiellen Fehler oder sogar von einem äußeren Einfluß, wie zum Beispiel vom Südwind, welcher Feuchtigkeit mit sich bringt.[12]

Die Minderwertigkeit der Frau wird von ihrer Menstruation hergeleitet, und sie wird als der passive, ›feuchte‹ und deshalb unvollkommene Teil der Schöpfung angesehen.

Da Frauen zur Zeit des Aristoteles im allgemeinen keine Bildung erhielten, deshalb weder lesen noch schreiben konnten, waren sie auch nicht im Stande, solchen Unsinn zu berichtigen oder zurückzuweisen. Wir haben zumindest keine Zeugnisse dafür, daß sie sich dagegen gewehrt haben.

Fest steht jedenfalls: Jahrhundertelang, bis zu Beginn der ›genauen Wissenschaften‹ (seit Sezieren nicht mehr verboten war), wurde Aristoteles' Theorie über die weibliche Biologie von niemandem in Frage gestellt.

Bestimmte Ideen von Aristoteles, Teile seiner Gedanken, haben sich bis heute gehalten, auch wenn wir uns der Quelle nicht mehr bewußt sind.

Alles, was mit Frau, Körper, Geburt und Blut zusammenhängt, wird seit Beginn der jüdisch-christlichen Glaubenslehre als Schmutz, Triebhaftigkeit, Schamlosigkeit und Unreinheit verworfen. Heute wird dieses Phänomen mit der männlichen Urangst vor der sexuellen Macht der Frau erklärt.

Die Ängste vor den körperlichen Eigenschaften der Frauen konnten in die Gesamtkultur einfließen, und die Sündhaftigkeit und Labilität der Frau wurde schließlich von Männern wie Frauen geglaubt. Die ›Aussegnung der Wöchnerin‹, ein religiöser Brauch, der in katholischen Gegenden Europas bis ins 20. Jahrhundert dauerte, liefert Sozialhistorikern zufolge den stichhaltigsten Beweis »für die männliche Neigung, den weiblichen Körper als Gefahr für die Gesellschaft anzusehen«[13].

Denn nach dem 3. Buch Mose 12, 2-8, war eine Frau nach der Geburt eines Jungen sieben Tage unrein und nach der Geburt eines Mädchen doppelt so lang. Auch durfte sie nach der Geburt eines Jungen »weitere 33 Tage lang das Heiligtum nicht betreten, bei einem Mädchen sind es 66 Tage«. Gebar die Frau also ein Mädchen, so verschmutzte (versündigte) sie sich noch mehr als bei einem Jungen.

Nichts fürchteten christliche Frauen (und wer war in Europa in den letzten Jahrhunderten nicht christlich?) mehr, als den Tod im Kindbett, weil ihnen hier die Segnung und somit ihr Seelenheil abhanden kam.

Nach dem Volksmund hatten Frauen, die vor ihrer Aussegnung im Kindbett starben, kein Recht, mit den anderen Gemeinschaftsmitgliedern auf demselben Friedhof begraben zu werden. Sie wurden teils in einer besonderen Ecke des Friedhofs neben den Mördern und Selbstmördern begraben oder sogar ganz außerhalb des Friedhofs verscharrt.

Zum Schutze der Gemeinschaft vor dem ›verdorbenen Ausfluß‹, wie der Wochenfluß der Wöchnerin genannt wurde, zogen in gewissen Regionen die Männer sogar um das Grab außerhalb des Friedhofs in einiger Entfernung eine Linie, damit Vorübergehende nicht ›vergiftet‹ würden.[14]

Für die Frauen war ihr Körper, der monatlich Blut fließen ließ, Kinder gebären und ernähren konnte, ein Rätsel. Noch unwissender als der Mann, da von jeglicher Bildung ausgeschlossen, übernahmen die Frauen die männlichen Vorurteile, verachteten ihren Körper, der ihnen so viel Mühe bereitete, und waren deshalb leicht zu überzeugen, daß sie minderwertig seien.

Männer und Frauen in der mittelalterlichen Gesellschaft waren es gewohnt, Opfer der Willkür zu sein, denn Bildung und Recht war nur einer privilegierten Schicht vorbehalten. Das Wissen über die Vorgänge im Körper blieb im Volk noch bis ins 20. Jahrhundert sehr beschränkt und basierte oft auf Aberglaube.

Die Erfahrung der Frauen war die, daß ganz reale Dinge mit ihnen geschahen, die außerhalb ihrer Selbstkontrolle oder Steuerung lagen. Trotz Gebeten und unzähligen Tricks mit Kräutern und Stellungen konnten sie das Geschlecht ihrer Kinder nicht steuern. Doch gerade für das ›falsche‹ Produkt (Mädchen) wurden die Frauen verantwortlich gemacht. Gebaren sie keinen Stammhalter, galten sie als Versagerinnen.

Deutlich wird der Einfluß der jüdisch-christlichen Religionen, wenn wir uns die Zeit der Christianisierung der ›heidnischen‹ Völker Nordeuropas ins Gedächtnis rufen. Obwohl die germanische und keltische Gesellschaft auch vor der Christianisierung patriarchalisch strukturiert war, findet man im Gegensatz zur jüdisch-christlichen Schriftkultur in der alten Dichtung der nordischen Länder keinen Frauenhaß.

In der keltischen Kultur war die Frau grundsätzlich berechtigt, sich ihren Ehemann auszusuchen oder zumindest nicht ohne ihre Zustimmung verheiratet zu werden. Im Gegensatz zum römischen Recht trat die keltische Frau, zum Beispiel in Irland, nicht in die Familie ihres Mannes ein. Sie behielt auch nach der Heirat ihren eigenen Besitz und konnte sich leicht wieder scheiden lassen. Zudem konnte die Frau selbst das Haupt der Familie sein, wenn sie ein größeres Vermögen hatte als ihr Ehegatte.[15] Eine solche Situation war später unter dem römischen Recht undenkbar.

Nach der Christianisierung hatten die nordischen Frauen in Vermögenssachen viel weniger Rechte als zuvor. Dadurch verloren sie auch an gesellschaftlichem Wert. Sie verloren die Möglichkeit, über ihr eigenes Vermögen, ihre Kinder, sogar ihren Glauben, selbst zu entscheiden. Gegen Ende des Mittelalters verschwand die europäische Frau von der Bildfläche des öffentlichen Lebens. Die Frauen wurden nur noch über ihre Väter und Ehemänner definiert.

»Die öffentliche Welt, das heißt die staatliche, die wirtschaftliche und intellektuelle Welt, erkannte ihre Existenz nicht mehr an«, erklärt die Historikerin Kaari Utrio[16]. Obwohl es zu der Zeit Frauen gab, deren Gelehrsamkeit und Intelligenz den Männern ihrer Zeit nicht nachstand, wie zum Beispiel Margareth More, die Tochter des Humanisten Thomas More, wurden Frauen literarisch totgeschwiegen und aus dem öffentlichen intellektuellen Disput ausgeschlossen. Das Studium der Naturwissenschaften, und somit auch die Möglichkeit, durch Experimente Erfahrungen zu sammeln, war ihnen verwehrt.

Aus verschiedenen historischen Quellen ist ersichtlich, daß das Christentum einen großen Teil an Verantwortung trägt für die Zerstörung des ›heidnischen‹, ehrerbietigen und sachlichen Verhaltens der nordischen Männer ihren Frauen gegenüber.

Die kirchlichen Autoritäten – von Paulus über Augustinus und Thomas von Aquin bis hin zu Papst Paul – wurden nie müde, sich auf ihren persönlichen Draht zu Gott zu berufen, wenn es darum ging, die ›natürliche‹ Bestimmung der Frauen zu beweisen und die männlichen Privilegien zu rechtfertigen.

Die Kirche war der Ehe seit frühester Zeit abgeneigt. Zum Teil hatte das ganz einfache materielle Gründe, da die Erbschaft an die Kirche fiel, zum anderen aber auch ideologische: Höchstes Ziel war ein puristisches Asketentum (Zölibat der Priester), ein Distanzhalten zur sündigen Frau, die ›als schlimmstes Lockmittel des Satans‹ galt.

Die Bekämpfung dieser Bedrohung nahm manchmal makabre und groteske Züge an. So äußerte sich der Frauenhaß bald heftig und unverhohlen in den Hexenverfolgungen. Vom späten 15. bis zum Beginn des 17. Jahrhunderts wurden in Europa nach der Einschätzung von Experten Millionen Frauen, darunter viele Hebammen und Naturheilerinnen, als Hexen verbrannt, auf dem Höhepunkt der Verfolgungen jährlich durchschnittlich 900 bis 1000 Frauen und in Toulouse an einem einzigen Tag 400. Wie fanatisch diese Jagd auf Frauen betrieben wurde, zeigt das Beispiel aus dem Jahre 1585, wo in zwei Dörfern bei Triest nach einer Hexensäuberung noch je eine Frau pro Dorf übrigblieb.[17] Ein Holocaust für Frauen!

Auch der verbalen Frauenverachtung waren keine Grenzen gesetzt. Der große Geist der Renaissance, der englische Dichter John Donne, durfte ungestraft äußern, daß der Mann die Frau ausnutzen soll »wie es ihm beliebt, und dann die Reste wegwerfen, denn wenn der Kern verzehrt ist, nutzt die Schale nichts mehr«.[18]

Die Aufklärung mit ihrer Vorstellung von den ›natürlichen‹ Rechten jedes Menschen auf Freiheit, Gleichheit, Selbstverantwortung und Vernunft setzte den Menschen als Individuum in den Mittelpunkt und löste ihn aus der traditionellen ständischen Bindung. Schonungslose Kritik an allem Bestehenden (unter anderem auch an der Ehe und der Geschichte der Erbsünde) war wohl der wichtigste und auffallendste Punkt der Aufklärung. Von den Reformatoren beeinflußt, distanzierten sich die Aufklärer von der Denkweise, nach der die Autorität immer stärker sei als die Selbsterfahrung. Ihr neues Motto: »Nichts ist bewiesen, solange es nicht wissenschaftlich untersucht ist.« Alles andere galt als Vorurteil und Aberglaube.

Aus heutiger Sicht mag es bedauerlich erscheinen, daß die Aufklärer nicht in der Lage waren, ihre eigene Theorie zu Ende zu denken und ihren Begriff von Freiheit auch auf die Frauen auszudehnen. Beim Lesen von Condorcet, einem zeitgenössischem Befürworter der Gleichberechtigung der Frau, wie später auch St. Simon und Fourier, liegt die Vermutung nahe, daß viele Aufklärer in klarer Voraussicht und aus Gründen ihrer eigenen Bequemlichkeit Frauen nicht in ihren Freiheitsbegriff einbeziehen *wollten*.

Nachträglich steht eines fest. Bevor sich die Aufklärung mit ihrem Freiheitsbegriff auch auf Frauen auswirken konnte, erstellten konservative Anhänger der philosophischen, theologischen und medizinischen Bereiche schnell ein Gegenkonzept, worin Natur, Unberechenbarkeit, Instinkt, Frau und Kind als Einheit eine Gegenwelt bildeten zum Mann, der den Geist, Rationalismus, die Vernunft und den wissenschaftlichen Fortschritt verkörpern sollte. Zu diesem Zweck mußten weibliche und männliche Eigenschaften bestimmt werden, die scheinbar nicht mehr wie bisher bei beiden vorhanden waren, sondern nur entweder beim Mann oder bei der Frau zu finden sein sollen und erst durch die Paarung sich ergänzen können. Und der Mann wurde von diesen Männern als der überlegene Teil bestimmt.

Trotz der Formel ›Gleichheit und Freiheit‹ wurde die untergeordnete Stellung der Frau auch nach der Aufklärung nicht verändert. Sie wurde nun zwar nicht mehr von Gott hergeleitet, sondern ›wissenschaftlich‹ über die Natur begründet. Auf Grund ihrer Gebärfähigkeit und ihres Triebverhaltens mußte die Frau zu ihrem eigenen Schutz aus der Öffentlichkeit ausgeschlossen werden. Zuviel Bildung und öffentliche Tätigkeit würde der geistigen und körperlichen Gesundheit der Frauen schaden.

Rousseau, der wohl bekannteste und bedeutendste Aufklärungsphilosoph, schien da auch keine Ausnahme machen zu wollen. In seinem Erziehungsroman *Emile*, der zur Erziehungsbibel aller Pädagogen des 19. Jahrhunderts wurde, legte er genau dar, daß es ihm in der

Erziehung lediglich darum ging, dem *männlichen* Kind die beste Erziehung und Betreuung zu gewährleisten.

Er forderte die Unterordnung der Frau auf Grund ihrer ›natürlichen‹ Minderwertigkeit. Sie sei nur dazu geschaffen, dem Mann zu gefallen und sich zu unterwerfen. Um sicherzugehen, daß sie ihre bisherige rangniedrige Stellung beibehielt, gab Rousseau klare Anweisungen, wie die Erziehung von Mädchen auszusehen habe:

Die ganze Erziehung der Frauen muß daher auf die Männer Bezug nehmen. Ihnen gefallen und nützlich sein, ihnen liebens- und achtenswert sein, sie in der Jugend erziehen und im Alter umsorgen, sie beraten, trösten und ihnen das Leben angenehm machen und versüßen: das sind zu allen Zeiten die Pflichten der Frauen, das müssen sie von ihrer Kindheit an lernen.[19]

Rousseau, der sich den größten Teil seines Lebens von intelligenten und gebildeten reichen Frauen aushalten ließ, verweigerte seinerseits den Frauen in seinen Schriften das Recht auf individuelle Entfaltung, Freiheit und Bildung.

Daß die Wirkung von Ideen nicht unbedingt auf das private Leben übertragen werden kann, zeigt Rousseaus zwiespältige Lebenshaltung seiner eigenen Familie gegenüber.

In *Emile* paukte er den Müttern ein, wie wichtig ihr liebevolles Verhalten sei für die gesunde Entwicklung der Kinder. Rousseaus eigene fünf Kinder jedoch durfte seine Lebenspartnerin Thérèse nicht behalten. Ausnahmslos alle steckte er, sobald sie geboren waren, ohne Angabe von Namen und Geburtsdatum in ein Findelhaus. Später wehrte er sich gegen Vorwürfe seiner Kritiker scheinheilig mit dem Argument, die Kinder hätten dort eine bessere Pflege als zu Hause. Scheinheilig war das insofern, als damals alle wußten, daß Findelhäuser große Leichenhäuser waren und die Unterbringung eines Kindes dort einem Mord gleich kam.

Rousseau ließ sich 23 Jahre Zeit, bis er die Mutter seiner Kinder, das Dienstmädchen Thérèse de Vasseur, das er seinen Freundinnen und Freunden immer als seine Haushälterin vorstellte, heiratete. George Sand, Madame de Staël und andere seiner gebildeten Bekannten äußerten sich erstaunt darüber, daß es Rousseau mit einer

Person ohne geistige Bildung aushielt. Thérèse lernte ihr Leben lang nie richtig lesen, schreiben und rechnen. Ihr realer Verdienst, sagen Rousseau-Forscher, sei auch nicht im geistigen Bereich zu suchen, sondern bestehe darin »während 33 Jahren mit seltener Geduld einen Mann, mit dem es sich zweifellos sehr schwierig leben ließ, umsorgt und bedient zu haben«[20].

Rousseau wird oft damit entschuldigt, er habe im Sinne des damaligen Zeitgeists gehandelt. Doch gerade hier sei in Erinnerung gerufen, daß sich bekannte Zeitgenossen, wie beispielsweise Condorcet, im letzten Viertel des 18. Jahrhundert öffentlich für die Bürgerrechte der Frauen einsetzten:

Warum sollten Wesen, die Schwangerschaften und vorübergehenden Unpäßlichkeiten ausgesetzt sind, nicht die Rechte ausüben können, die niemand Leuten vorenthalten würde, die die Gicht haben oder die sich leicht erkälten.(…) Gibt es ein deutlicheres Beispiel für die Macht dieser Gewohnheit als die Tatsache, daß aufgeklärte Männer die Bürgerrechte für drei- oder vierhundert Männer(…) zurückfordern, nicht jedoch für 12 000 Frauen?[21]

So sprach ein Mann aus dem 18. Jahrhundert!

Die Einstellung Frauen gegenüber war in der Aufklärung nicht eine Frage der Naivität, sondern der Position. Rousseau bezeichnete die Bestrebungen, Frauen die gleichen Rechte zu gewährleisten, als ›töricht‹ und weigerte sich schlicht, »über Gleichberechtigung zu streiten«. Außerdem: Die Behauptungen über Frauen wurden ja auch ›wissenschaftlich‹ begründet.

Gegen alle Logik und Beweispflicht der genauen Wissenschaften, wie sie Rousseau und seinesgleichen befürworteten, erklärte er, Schüchternheit, Bescheidenheit und List seien ›angeborene‹ Eigenschaften der Frau und steigerte sich in *Emile* sogar zur Behauptung, Höflichkeit Männern gegenüber sei ein weiblicher ›Urinstinkt‹!

Gleichzeitig schien er zu wissen, daß sich Mädchen, denen er zugestand, daß »sie klug genug sind, um Geheimnisse, die man ihnen verbirgt, zu ahnen, und schlau genug sind, sie zu entdecken«[22], eine solche Ungerechtigkeit kaum widerstandslos gefallen lassen würden. Also müssen sie nach Rousseaus Methode von ihren Müttern von Anfang an, wie er schrieb, »an den Zwang gewöhnt werden, damit es ihnen später keine Mühe mehr macht, ihre Launen zu beherrschen und sie dem Willen eines anderen unterzuordnen«.[23] Deutlicher geht es wohl kaum. Von Naivität kann hier keine Rede sein.

Ähnlich wie später die ›roten Patriarchen des Sozialismus‹ fanden es auch die Aufklärer sehr angenehm, nach angeregten Diskussionen und Aufklärungsarbeit nach Hause zu kommen und eine Thérèse ganz für sich allein zu haben, die liebevoll dem ›Individuum‹ seine Leibspeise kocht.

Damit dies aber gewährleistet blieb, mußte das Bild der ›fürsorglichen, selbstlosen Mutter‹, eine im europäischen Mittelstand neu aufkeimende Denkweise, kräftig unterstützt werden.

Rousseau hatte in der Folge einen gewaltigen Einfluß auf die Erziehung der Mädchen. Auf ihn wurde künftig Bezug genommen, wenn man den Mädchen höhere Bildung verweigerte und Schwerpunkte der Handarbeit und Haushaltsfächer in der weiblichen Schulbildung hervorhob.

Die Vermutung liegt nahe, daß die intensive Propaganda Rousseaus anfänglich nur widerwillig von den Müttern befolgt wurde, sonst hätte sie nicht so vehement und häufig wiederholt werden müssen. Das ganze 19. Jahrhundert ist geprägt von Schriften, die die schlechten Mütter in Grund und Boden verdammen und sie zu noch mehr Pflichtgefühl und Opferwilligkeit auffordern. Es wird ihnen beigebracht, daß sie für das körperliche und seelische Wohl des Kindes allein und vollständig verantwortlich seien. Dies aber ohne die Möglichkeit, diese Verantwortung auch in der Öffentlichkeit oder in der Politik im eigenen Interesse und dem der Kinder wahrnehmen zu dürfen. So war es den Frauen in den meisten europäischen Ländern bis zur Jahrhundertwende unter Strafe verboten, sich in politischen Vereinen öffentlich zu engagieren oder Mitglied einer politischen Partei zu sein. Gesetze, die Frauen und die Familien betrafen, wurden allein von den Männern erstellt.

Von der Verantwortung zur Schuld war es nur ein Schritt.(...) Ob das Kind stirbt oder kriminell wird, nun weiß man, wen man dafür auf die Anklagebank schicken kann. Es ist nicht mehr wie früher der Vater, der für die Vergehen seines Kindes einsteht, es ist die Mutter, von der man jetzt Rechenschaft fordert.[24]

Es ist wohl etwas vereinfacht, den Müttern in früheren Jahrhunderten mangelnde Mutterliebe vorzuwerfen. Die Frauen scheinen sich einfach nicht aufgeopfert zu haben. Dies bietet sich als Erklärung für eine weibliche Realität an, in der die Frauen im harten Existenzkampf das Kind nicht zuoberst auf ihre Prioritätenliste setzten.

Die Mütter haben in den letzten 200 Jahren die von theologischen und ideologischen Experten mit mehr oder weniger Druck eingepaukten Lektionen gelernt. Sie lernten, daß das Kind nicht nur Nahrung und Pflege, sondern auch Anregung und Erziehung braucht. Sie entwickelten die geforderten Gefühle dem Kind gegenüber, bis das Kind zu ihrem Lebensinhalt wurde. Sie versuchten nach Möglichkeit, dem ihnen präsentierten Idealbild zu entsprechen. Konnten sie ihrer ›Aufopferungspflicht‹ nicht nachkommen, fühlten sie sich in zunehmendem Maß schuldig.

In diesem Sinne hat Rousseau, gestützt auf die antiken und jüdisch-christlich-religiösen Vorfahren, einen ganz wichtigen Sieg errungen: »das Schuldgefühl hat ins Herz der Frauen Eingang gefunden«[25].

Daß Rousseau das früher vernachlässigte Kind und seine Erziehung ins Licht der Öffentlichkeit rückte, ist sein großes Verdienst. Was frau ihm übelnimmt, ist, daß er erstens das männliche Kind bevorzugte und zweitens die ganze Erziehungsdiskussion auf Kosten der Frauen eingeleitet hat, obwohl andere Denkansätze vorhanden gewesen wären. An diesem Erbe tragen wir Frauen heute noch schwer. Mit Auswirkungen, die Nerven kosten!

2 Der Wandel der Familienstruktur

Malen wir uns nicht manchmal sehnsuchtsvoll die ›gute, alte Zeit‹ aus und träumen von unendlicher Geborgenheit und abendlichen Märchenstunden in der ›intakten Großfamilie‹, in der Eltern, Großeltern, Kinder, Enkel, Onkel, Tanten, Nichten und Neffen, Mägde und Knechte, Alt und Jung friedlich miteinander auf kleinem Raum zusammenlebten?

Sicher gab es Großfamilien, zumindest auf dem Lande, doch in der obengenannten Idealform waren sie wohl eher selten zu finden.

Eine Familie war bis in die neuere Zeit hinein ein wirtschaftlicher Zusammenschluß. Darauf verweist noch heute die vom lateinischen ›famulus‹, ›Diener‹, abgeleitete Bezeichnung ›familia‹, die ursprünglich »das im Haus zusammenlebende Gesinde« meinte. Im Zusammenhang mit der verwandtschaftlichen Lebensform taucht das Wort ›Familie‹ bei uns erstmals im 17. Jahrhundert auf.

Der entscheidende Wandel der Familie zum emotionalen, Geborgenheit versprechenden Hort, wie wir sie heute kennen, fand erst im Zusammenhang mit der Individualisierung und mit der Trennung von Arbeitsort und Wohnort im Zuge der Industrialisierung statt.

Im folgenden stelle ich die Familie der ›guten alten Zeit‹ vor und zeige die Grundtendenzen des Wandels der familiären Lebensformen auf. Dabei müssen wir uns bewußt sein, daß immer verschiedene Lebensformen nebeneinander existierten und daß es große zeitliche und regionale Unterschiede gab. Eheschließungen – und damit Familiengründungen – beruhten bis ins 19. Jahrhundert hinein vorwiegend auf wirtschaftlichen Überlegungen. Liebesheiraten waren die Ausnahme.

Anders als in Osteuropa wurden Ehen in Westeuropa erst in ziemlich fortgeschrittenem Alter (25-30 Jahren) geschlossen. Grundsätzlich mußte jeder Mann, ob Bauer oder Handwerker, der einen eigenen Haushalt gründen wollte, den Nachweis erbringen, daß er eine Familie ernähren konnte. Bevölkerungsgruppen, die kein Eigentum vorzeigen konnten, darunter fielen zum Beispiel Dienstboten und Gesinde, mußten sehr oft ledig bleiben, da sie keine Heiratsbewilligung erhielten.

Sehr hoch war deshalb die Zahl der Ledigen in der Vergangenheit und dies bis Ende des 19. Jahrhunderts, als allmählich die Gesetze dahingehend geändert wurden, daß jedes geistig gesunde Paar das gesetzliche Recht erhielt, eine Ehe einzugehen. Gleichzeitig waren gerade weibliche Dienstboten den Übergriffen ihres Herrn wehrlos ausgesetzt. Gebar eine Frau ein uneheliches Kind, wurde sie mit Gefängnis bestraft. Dies hatte zur Folge, daß viele ledige Frauen ihre Säuglinge aus Verzweiflung nach der Geburt töteten oder sich auf Leben und Tod den ›Engelmacherinnen‹ auslieferten, um die Schwangerschaft zu unterbrechen.

Durchschnittlich wurden in westeuropäischen Familien fünf bis sechs Kinder geboren, von denen nur die Hälfte das Erwachsenenalter erreichte. Auf dem Land wie auch in der Stadt war es üblich, die Kinder ab sieben Jahren zu anderen Leuten in Dienst zu geben oder bei Arbeitskräftemangel Kinder bei sich aufzunehmen.

Die Beständigkeit, die als zentrales Element der heutigen Familie gilt, fehlte meist. Die Mitglieder eines vorindustriellen Haushaltes waren ersetzbar und wechselten in kurzen Abständen. Bei der Übernahme eines Hofes brauchte man auswärtige Arbeitskräfte, eventuell Geschwister oder fremde Leute. Kinder wurden geboren und starben. Frauen starben im Kindsbett, eine neue Frau kam ins Haus, neue Kinder wurden geboren, ältere verließen das Haus oder wurden fortgegeben. Dienstboten kamen und gingen. Wandernde Handwerksburschen blieben einige Zeit und zogen dann weiter. Starke emotionale Bindungen kamen bei dieser Lebensweise kaum auf, sie scheinen aber oft unter Geschwistern stärker gewesen zu sein als zu den Eltern. Der Familienzusammenhalt funktionierte ausschließlich auf wirtschaftlicher Basis.

Wenn wir uns nun vor Augen halten, daß die vorindustrielle Gesellschaft zum größten Teil aus abhängigen Bauern, zu einem geringeren Teil aus städtischen Kleinhandwerkern bestand, zerbröckelt die Idylle der Großfamilie rasch. Nur wenige vermögende und/oder bäuerliche

Familien konnten sich die Lebensform der Großfamilie überhaupt leisten. Schließlich mußten alle diese Menschen auch ernährt werden! Ansonsten lebten selten mehr als zwei Generationen unter einem Dach. Die städtische westeuropäische Familie war schon vor der Industrialisierung klein. So lebten zum Beispiel 1427 in Florenz durchschnittlich vier Personen in einem Haushalt, 1755 in Amsterdam durchschnittlich drei Personen.

Verbreitet war die Großfamilie allerdings in Nord- und Osteuropa. Dort lebten Verwandte, mehrere Generationen miteinander, unter der absoluten Herrschaft ihres Oberhauptes, des Patriarchen, unter einem Dach. Eine finnische Großfamilie des 18. Jahrhunderts umfaßte 42 Personen. Diese wohnten in vier großen Gebäuden mit siebzehn Kammern, aber nur zwei Küchen, von denen eine sogar nur für die Gäste benutzt wurde.

Die Auswirkung der Struktur der Großfamilie auf die psychosoziale Entwicklung ihrer Mitglieder ist kaum untersucht. Es wird aber angenommen, daß die Beziehung zwischen der Mutter und ihren Kindern nicht besonders eng war. Dies war hingegen bei Geschwistern eher der Fall. Es gab viele Bezugspersonen und viele Kinder.

Innerhalb einer Großfamilie lebten die Menschen in einem hierarchischen System, in dem sich das einzelne Mitglied je nach Erbfolge, Geschlechtszugehörigkeit oder Alter nach oben ›verbessern‹ konnte. Die neueste Schwiegertochter ohne Kinder hatte die rangniedrigste Stellung. Geheiratet wurde in Osteuropa sehr früh, oft sogar vor dem gesetzlich festgelegten Heiratsalter, das bei Mädchen 13, bei Jungen 15 Jahre war.

Die zwischenmenschlichen Beziehungen konnten in einer Großfamilie sehr gespannt sein. Geschichten über Streitsucht, Inzest, Quälereien, über Schwiegerväter, die junge Bräute bedrängten, über böse Stiefmütter und schlimme Streiche neidischer Brüder zeugen zur Genüge davon.

Die osteuropäischen Großfamilien kannten kein Dienstpersonal. Brauchte man Arbeitskräfte, wurde ein Familienmitglied verheiratet und so eine neue Arbeitskraft ins Haus geholt. Die Menschen waren nie allein, auch beim Schlafen nicht. Deshalb gab es im Haus auch keine speziellen Schlafräume. Im 13. Jahrhundert zum Beispiel schliefen in Europa Eltern, Kinder, Gesellen und Gesinde im gleichen Raum. Kleinkinder schliefen im Bett mit Erwachsenen und nicht selten ist in historischen Quellen vom Tod eines Säuglings durch Erdrücken die Rede. Intimität kannte man kaum, und deshalb auch keine sexuelle Scham. Nach unserem Verständnis intime Handlungen wurden nicht vor der Gruppe verborgen. Körper und körperliche Bedürfnisse wurden vor allen Augen präsentiert. Die Häuser waren außerdem offen und auch für Fremde einsehbar.

Die Hausarbeit wurde nicht in dem Ausmaß ernst genommen wie heute, und zwar weder bei den Bauern noch bei den Handwerkern. Selbstversorgung und das Funktionieren des Haus- und Arbeitsbetriebs waren wichtiger als schön geputzte Häuser.

Geputzt und gewaschen wurde äußerst selten, und von Kindererziehung kann in dieser Zeit noch nicht gesprochen werden. Die Kinder hatten einen festen Platz im Familiengefüge und nahmen je nach Alter am Alltag teil. Ein Austausch von Zärtlichkeit war in dieser Art Haus- und Lebensgemeinschaft fremd und zwar nicht nur unter Erwachsenen, sondern auch in bezug auf die Kinder. Die heute so oft beschworene ›naturhafte‹ Mutterliebe hatte, wie ich schon im vorhergehenden Kapitel beschrieb, ihre engen Grenzen.

Ein ungemein wichtiger Unterschied zur heutigen Denkweise war, daß die Menschen in der vorindustriellen Zeit sich selbst nicht nach unserem modernen Verständnis als Individuen empfanden. Sie sahen keinen großen Unterschied zwischen sich selbst und ihrem Nächsten. Die Ansprüche der Gemeinschaft hatten Vorrang vor den individuellen Wünschen, sei es bei der Heirat oder im Beruf. Die Stellung in der Gesellschaft war fixiert in einer ›natürlichen Ordnung‹ und wurde sogar durch Kleidervorschriften zum Ausdruck gebracht. Ein reicher Kaufmann durfte sich zum Beispiel nicht wie ein Herr eines höheren Standes kleiden, selbst wenn er genug Geld dazu hatte. Jedes Zuwiderhandeln oder Aufbegehren gegen die ›natürliche Ordnung‹ wurde streng bestraft.

Die Idee der modernen ›Persönlichkeit‹, die sich in erster Linie als Individuum versteht und ihren Anspruch auf Freiheit und Unabhängigkeit den Interessen der Gemeinschaft voranstellt, war dem Denken der damaligen Menschen fremd. Sie empfanden sich als Teil der

Gemeinschaft und der Natur. Niemand wollte anders aussehen oder sich anders verhalten als die übrigen. Niemand durfte die Gemeinschaft um seines Privatlebens willen verlassen oder sich gegen die teilweise rigiden Regeln der Gesellschaft aufbäumen. Die Werte und Normen waren klar umrissen. Die Eltern waren, im Gegensatz zu heute, keiner Sinnfrage ausgesetzt.

Die Erziehung war auf Arbeit, Eingliederung in die Gemeinschaft und Anpassung an die Weltordnung des Mannes gerichtet.

Der Vater galt noch im 17. Jahrhundert als Stellvertreter Gottes und des Königs oder Kaisers innerhalb seiner Familie. Von diesen absoluten Autoritäten erhielt er die Vorrechte und Vollmachten, die er im Rahmen der Familie innehatte. Die soziale Kontrolle war streng, auch darüber, ob der Mann seinen Haushalt gut im Griff hatte.[1]

Der Mann hatte das Züchtigungsrecht über seine Frau und seine Kinder. Die Machtverhältnisse spiegelten sich auch in Eßritualen wider: Mägde, Kinder und manchmal sogar die Ehefrauen mußten in Gegenwart des Hausherrn oft stehend essen. Die Sitte, daß der Vater einen bevorzugten Platz, oft auch besseres Essen erhielt, kannte man noch in der ersten Hälfte des zwanzigsten Jahrhunderts in Bauern- und Arbeiterfamilien.

Lange war der Vater die zentrale Erziehungsperson. Denn als ausschlaggebend für eine erfolgreiche Erziehung galt die Sittenlehre und nicht die emotionale Sensibilität.

Wollte der Vater seinen Machtanspruch durchsetzen, mußte er den Willen des Kindes und der Frau brechen. Die Kirche befürwortete diese Art der Erziehung, weil für sie Kinder von Geburt an als böse und störrisch galten. Für Martin Luther, der als einer der ersten Erzieher galt, war der Knüppel das einzige geeignete Instrument, den Trieb und das Böse in der kindlichen Natur auszutreiben. Im Sinne der angeblich christlichen Erziehungslehre »Wer sein Kind liebt, der muß es züchtigen« blieben der Stock und die Rute bis ins 20. Jahrhundert beliebte Erziehungsinstrumente.

Die Bosheit drückte sich beim kleinen Kind angeblich in Ungehorsam und Schreien aus und mußte mit Prügeln ausgetrieben werden. Die rücksichtslose Unterwerfung der Kinder und Untergeordneten gehörte zur Tagesordnung.

Der Wille des einzelnen mußte sich immer dem der Obrigkeit und der Gemeinschaft beugen. Jede Äußerung eines eigenen, abweichenden Willens bedeutete eine Bedrohung für die gemeinschaftliche Ordnung. Deshalb mußten die Kinder vor allem zu willenlosen Kreaturen erzogen werden, damit sie sich später bei den wichtigsten Angelegenheiten wie Berufswahl, Heirat und Krieg den Entscheidungen der Eltern und der Gemeinschaft unterzogen. Das Überleben der Gruppe hing von der Arbeit aller Mitglieder ab.

Unwissenheit, fehlende medizinische Kenntnisse, mangelhafte Hygiene und hilfloses Ausgeliefertsein gegenüber Krankheiten und Naturgewalten bestimmten das Alltagsbefinden. Die Menschen waren überzeugt, Gott bestimme über ihr Schicksal und sie selbst könnten absolut nichts dagegen tun. »Gott hat gegeben – Gott hat genommen« war darum auch der lakonische Spruch zu jedem verstorbenen Kind.

Die große Wende kam mit der Auflösung der Familie als Wirtschaftsgemeinschaft zu Beginn der Industrialisierung. Die Verlagerung des Arbeitsorts aus dem Haushalt war für die Bildung der Kleinfamilie des 20. Jahrhunderts von entscheidender Bedeutung.

Die Auflösung der Wirtschaftsgemeinschaft rückte plötzlich die Einzelperson in den Mittelpunkt. Die Existenz wurde nicht mehr durch gemeinsame familiäre Arbeit gesichert, sondern basierte nun auf dem individuellen Durchsetzungsvermögen auf dem Arbeitsmarkt. Konkurrenzverhalten und Selbstbehauptung wurden zu notwendigen Charakterzügen.

Junge, gesunde Familienmitglieder konnten sich der Verfügungsgewalt und Kontrolle ihrer Sippe entziehen, wenn sie die neuen Verdienstmöglichkeiten in Industrie und Handel wahrnahmen. Sie konnten sich dadurch eine eigene Existenz aufbauen.

Im 18. Jahrhundert begann sich auch allmählich die Liebesheirat durchzusetzen – in großem Widerspruch zum obersten Gebot des ›elterlichen Gehorsams‹, was in den folgenden 200 Jahren noch zu etlichen Streitigkeiten zwischen den Generationen führte.

Ein neues Familienideal wurde nun von den Angehörigen des sich allmählich herausbildenden Bürgertums entwickelt, welches Trägerin der industriellen Produktionsweise war. Dieses Bürgertum setzte sich zusammen aus Kaufleuten, Unternehmern, höheren Beamten und

Vertretern von freien Berufen. Sie alle hatten relativ gesicherte materielle Verhältnisse, die es dem Familienoberhaupt erlaubte, Frauen und Kinder von der Erwerbsarbeit zu ›befreien‹ und für die Ernährung der Familie allein aufzukommen (in Deutschland gegen Ende des 18. Jahrhundert).

Die bürgerliche Familie wurde zur ›Privatsache‹ erklärt – im Gegensatz zum öffentlichen Arbeits- und Gesellschaftsleben. Die als ›menschenfeindlich‹ empfundene Arbeitswelt sollte durch die ›menschliche‹ Intimität der Familie kompensiert werden. Die Familie wurde ›emotionalisiert‹!

War noch zu Beginn der Neuzeit die europäische Familie ein kurzzeitiger Zusammenschluß mehrerer Menschen, offen vor allem in bezug auf die Verwandschaft, aber auch in bezug auf die umgebende Gemeinschaft, so trat seit der Mitte des 18. Jahrhunderts in der Familie eine sichtbare Veränderung ein. Der offene Zusammenschluß verwandelte sich in die geschlossene Kernfamilie. Der Ausschluß zumindest kleinerer Kinder aus dem Arbeitsalltag führte zu einer neuen Haltung den Kindern gegenüber. Diese Haltung, die Emotionalisierung der Familie und das aufklärerische Gedankengut führten zur Entstehung der ›Kindheit‹.

Die neue Rolle der Kinder ist eng verknüpft mit derjenigen der Frauen und Mütter. Wie die Erziehung auszusehen hatte, bestimmte nun nicht mehr das Familienoberhaupt, der Vater, sondern der Staat, dem in der Folge der Französischen Revolution und der neuen Konzeption von der Gleichheit der Menschen die Erziehung übertragen worden war. Kirche und Staat teilten sich von nun an in diese Aufgabe. Neben den schon bestehenden Klosterschulen vermehrten sich die staatlichen Schulen, und in einigen Ländern wurde die allgemeine Schulpflicht eingeführt.

Im 19. Jahrhundert entfremdete sich der Vater durch seine außerhäusliche Arbeit immer mehr vom Familienalltag. Durch die politischen, sozialen und ökonomischen Verhältnisse erlitt der Vater einen erheblichen Autoritätsverlust. – Dies hat sich bei vielen Männern offensichtlich auf das Selbstbild und Engagement als Vater ausgewirkt.

Im 19. Jahrhundert interessierte sich der Staat immer stärker für das Kind und nahm den Eltern, damals dem Vater, Schritt für Schritt immer mehr Rechte, aber auch Pflichten ab, zum Beispiel durch die Einführung von Schulpflicht, Berufsausbildung, Erziehungsheimen, Jugendfürsorge, Jugendstrafrecht, Verbot der Kinderarbeit, staatlichen Familienzulagen und Impfpflicht. Besonders die Einführung der obligatorischen Schulen schränkte das väterliche Prestige erheblich ein. Er war nicht mehr die ›einzige‹ Autorität. Ursprünglich galt dies aber als progressive Errungenschaft.

Die für die Erziehung wichtigsten verantwortlichen Instanzen sind seit dem 20. Jahrhundert eindeutig der Staat und die Mutter. Mit der Entfernung des Vaters aus dem Alltag der Familie verlor der Mann die Kontrolle über das Familiengeschehen und die Frau erhielt innerfamiliär eine gewisse, wenn auch fragwürdige Macht und Kontrolle über die Familienmitglieder.

Infolge der veränderten Wohnsituation ergab sich ein so enger Kontakt zwischen Müttern und Kindern, wie es ihn bislang in der Entwicklung der Menschheit noch nie gegeben hatte.

Die familieninternen Beziehungen verändern sich auch in neuester Zeit noch. So wirkte sich die Emanzipationsbewegung mit ihrer grundsätzlichen Gleichheitsforderung – angefangen beim ›Rousseau-Kind‹ bis hin zur Befreiung der Frau als eigenständige Person – stark auf das Beziehungsgefüge aus. Daneben sind es aber immer noch vorwiegend wirtschaftliche Ursachen, die die Familienstrukturen beeinflussen.

Seit Ende des letzten Jahrhunderts verbesserten sich je nach Lebensstandard die Möglichkeiten der Familien, ihre Größe und ihren Lebensraum autonomer zu gestalten. Diese Entwicklung führte dazu, daß das einzelne Kind gleichberechtigter und wichtiger wurde und die Kinderzahl pro Familie zugleich sank.

Die Familie hat sich in den letzten 200 Jahren kontinuierlich verändert, von der ursprünglichen Lebens- und Arbeitsgemeinschaft zum privaten Erholungsraum für die hart geforderte industrialisierte Leistungsgesellschaft.

Die Familie mit dem Charakter der Arbeitsgemeinschaft gibt es kaum mehr. Sie ist geschrumpft auf eine Kleinfamilie, die abhängig ist von einem Ernährer oder einer Ernährerin von draußen. Die Arbeitswelt wird immer anonymer, die Arbeit selbst ist oft entfremdet, kaum mehr als Ganzes übersehbar. In diesem Zusammenhang manifestiert sich heute eine Tendenz zur weiteren Individualisierung, zum Rückzug in die Privatheit, zur Kleinfamilie.

Die Familie ist heute einem großen Druck ausgesetzt. Durch die ›Ent-Emotionalisierung‹ des beruflichen und öffentlichen Lebens, das keine ›offenen Gefühlsausbrüche‹ zuläßt, scheint in der modernen Gesellschaft die Familie der einzige Ort geblieben zu sein, wo Emotionen noch ihren Ausdruck finden können – mit der Folge, daß die Familie teilweise emotional überladen wird.[2]

3 Den Männern die Gerechtigkeit – den Frauen die Mütterlichkeit?

Obwohl Frauen in der französischen Revolution mutig an der Seite der Männer kämpften, wurden ihnen später die errungenen Rechte vorenthalten.

Die Vorstellung von Freiheit, Gleichheit und Vernunft war zunächst als ›droit de l'homme‹[1] nur für die ›Brüder‹ konzipiert. Die öffentliche politische Aktivität der Frau aber wurde mit sofortiger Wirkung auf längere Zeit hin gestoppt.

Als unerhört dreist empfanden Zeitgenossen Rousseaus und Voltaires die wagemutige Olympe de Gouges, welche 1791 vor der Pariser Kommune ihren Forderungskatalog ›Rechte der Frau‹ mit dem berühmten Satz begründete: »Wenn die Frauen das Recht auf das Schafott haben, so müssen sie auch das Recht auf die Tribüne haben.«[2] Diese Logik kam ihr teuer zu stehen. Sich die gleichen Rechte wie die Männer anzumaßen, konnte in vergangenen Zeiten für Frauen lebensgefährlich sein. Solche Forderungen wurden als Bedrohung der etablierten Ordnung angesehen und sofort abgeblockt. Als Strafe dafür, daß Olympe de Gouges sich erlaubt hatte, aus dem Ideal der Menschenrechte auch Gleichheitsforderungen für die Frauen abzuleiten, wurde sie 1793 – exemplarisch als Abschreckung für etwaige Nachahmerinnen – enthauptet. Und dies laut zeitgenössischer Berichterstattung nur, weil die »schamlose Olympe de Gouges ihre hausfraulichen Pflichten vernachlässigt und sich statt dessen in die Staatsgeschäfte eingemischt hat«[3]. Ihre Hinrichtung wurde im ›Moniteur‹ trocken kommentiert: »… ein Staatsmann wollte sie sein: Das Gesetz wird diese Verschwörerin wohl dafür bestraft haben, daß sie vergessen hat, was sich für ihr Geschlecht ziemt.«[4]

Nun, was ziemte sich denn für dieses Geschlecht, das eine Jeanne d'Arc oder eine Madame Curie hervorgebracht hatte? – Mütterlichkeit, Madame! Denn »die einzige Bestimmung des Weibes ist die Fortpflanzung!« Dies wurde den Frauen seit dem 18. Jahrhundert unmißverständlich klar gemacht.

Die Aufklärer waren der Meinung, die sittliche Erziehung ihrer Kinder sei für die Frau die nobelste Aufgabe, die sie sich je vorstellen könnte. Ihr natürlicher Instinkt sei es, der sie mit Geduld, Demut und ›Sittlichkeit‹ ausgestattet habe und sie deshalb zu dieser Aufgabe befähige.

Mit dieser naturrechtlichen Begründung wurden alle Frauen einzig und allein über das Geschlecht definiert: allesamt waren von nun an immer nur ›Mütter und Gattinnen‹, zukünftige, gegenwärtige, ehemalige oder verlorene!

In Zeitschriften und Büchern konnte die Frau lesen, welche erhabene, ja überirdisch schöne Aufgabe auf sie warten sollte: »… Ihr herrlichen Lieblinge Gottes, die er auserkor, den Menschen fortzupflanzen. Fühlt sie ganz, die erhabene Würde, fühlt sie ganz, euere wichtige Bestimmung, und macht euch deren Wert…«[5], rief Ehrenberg, der Herausgeber eines Frauenalmanachs, Ende des 18. Jahrhunderts seinen Leserinnen zu.

Gleichzeitig wurden sie belehrt: »Ihr traget den Keim der Menschheit, und wohl euch! wenn ihr ihn so traget, daß er zur dankbaren Erkenntlichkeit eurer Zeitgenossen aufsproßt…« Und eingeschüchtert: »Es steht bei euch eine ganze Menschenreihe glücklich zu machen, oder sie ins Verderben zu stürzen, denn sündigt ihr an einem, so versündigt ihr euch an der ganzen Reihe, und das Unglück, das aus euch entsproß, kann sich auf tausend Glied verbreiten, und euch da noch fluchen, wenn schon längst der Moder euer Gebein verzehrt hat.«[6]

Welche Mutter konnte von nun an noch mit einem gutem Gewissen schlafen? Himmel und Hölle wurden in Bewegung gesetzt, um den Frauen ihre Natur und Bestimmung beizubringen, welche ihnen allerdings lange und deutlich angepriesen werden mußten, bis sich die Frauen – anfänglich nur widerwillig – darin fügten. Elisabeth Badinter beschreibt in ihrem Buch ›Mutterliebe‹ sehr eindrücklich diesen Wandel. Die Idee der Mutter und Erzieherin wurde im 19. Jahrhundert beinahe zu einer Obsession.

Das Spektrum weiblicher Bestimmung wies in dieser Zeit zwei Pole auf: den Sockel der ›Madonna‹ für die Mutter und Gattin, wie sie sein sollte – und die ›Hölle‹ für die Mutter und Gattin, wie sie nicht sein sollte. Seither wurde teils bis in dieses Jahrhundert hinein ›Mütterlichkeit‹ von Geistlichen als gottgegeben, von Philosophen von der Natur hergeleitet und von Wissenschaftlern, Ärzten, Anthropologen und nicht zuletzt Psychologen als natürliches Derivat der weiblichen Anatomie diagnostiziert.

Und die gewissenhaften Mütter, welche verzweifelt versuchten, alles was die Wissenschaft in Gestalt von Hauswirtschaftsexperten, Medizinern und Pädagogen vorschrieb, richtig zu machen, wurden immer mehr verunsichert.

»Manchmal habe ich das Gefühl, als ob die Bürde der Verantwortung für diese kleinen unsterblichen Wesen zu viel für mich wäre«, klagte eine Mutter anfangs dieses Jahrhunderts, »handle ich richtig? tue ich genug? Doch meine größte Sorge ist, daß ich zuviel tue. Sehr oft bin ich entmutigt, wenn ich sehe, daß das Ergebnis schlecht ausfällt. Mr. A. (ihr Ehemann, Anm. d. A.) hilft mir bei den allgemeinen Prinzipien, doch niemand kann mir bei den Details helfen«.[7]

Doch ich greife vor. Bis es zu der verunsicherten Mutter des 20. Jahrhunderts kam, war noch viel Vorarbeit nötig.

Die Schuldgefühle der Mütter sind nicht einfach mit ihrem modernen Leben oder dem Identitätsverlust als Folge ihrer jahrtausendealten gesellschaftlichen Zweitrangigkeit zu erklären, sondern lassen sich mit der ›Polarisierung der Geschlechter-Charaktere‹ erklären, die, wie die Historikerin Karin Hausen feststellte, in der Zeit der Aufklärung im 18. Jahrhundert begann und in der ›Ergänzungs‹-Theorie Anfang des 20. Jahrhunderts ihre Krönung fand.

Die Vorstellung der Gegenseitigkeit der Eigenschaften, die angeblich *nur* entweder im weiblichen oder männlichen Menschen von Natur angelegt seien, kam erst nach der Aufklärung auf. Und dies, wie früher schon angedeutet, als es nötig wurde, für die Frau Argumente zu finden, weshalb sie nun trotz neuem Demokratiedenkens nicht dasselbe tun durfte wie der Mann.

Sinngemäß läßt sich diese Theorie so darstellen: Mann und Frau haben *gegensätzliche* Eigenschaften, die sich ergänzen. Nur zusammen geben sie ein Ganzes. Doch wie zu Aristoteles' Zeiten galt immer noch, wenn auch neu begründet, der Mann als Maßstab und die Frau lediglich als seine Ergänzung. Die Trennung von menschlichen Eigenschaften in ›weibliche‹ und ›männliche‹ setzte in dem Moment ein, als der alte ständisch-patriarchalische Machtanspruch nach der Erklärung der Menschenrechte ideologisch neu definiert und an die Bedingungen der Industriegesellschaft angepaßt werden mußte.

Zu diesem Zweck bot der Deckmantel der Andersartigkeit eine gute Begründung, Frauen aus den Entscheidungszentren rauszuhalten. In der neugeordneten Gesellschaft, wo Ansehen und Erfolg nicht mehr durch ständische Herkunft bestimmt wurden, sondern durch individuelle Leistungen erreicht werden konnten, entwickelten sich auch neue Werte, Vorstellungen und Tugenden, die der ›neue‹ Mensch der ›Vernunft‹ benötigte. Fleiß, Selbstkontrolle und Disziplin waren fortan das Rezept zum Erfolg. Der Boden war gelegt für den Traum vom ›Schuhmacher zum Millionär‹.

Diese Tugenden, die schon in der vorindustriellen Zeit im bürgerlichen Haus entwickelt worden waren, entsprachen in diesem Moment genau den Bedürfnissen der allmählich entstehenden Industriegesellschaft. Die im 18. Jahrhundert anfänglich selbstverständliche Beanspruchung von Menschenrechten nur für männliche Menschen mußte im 19. Jahrhundert immer stärker gegenüber Männern und Frauen neu legitimiert werden. Denn die traditionelle Argumentation der aus der Bibel begründeten Position der herrschaftsunterworfenen Frau wurde zunehmend angezweifelt. Es mußte also ein attraktives Idealbild für die Frau geschaffen werden, mit dem sie sich freiwillig identifizieren konnte.

Nicht zuletzt auch aus einem neuerwachsenen ›Gerechtigkeitssinn‹ heraus, verbunden mit einer inzwischen veränderten Liebesauffassung, wurde eine Gegenwelt des Mannes geschaffen. Darin erhielt die Frau ihren wichtigen Platz zugeteilt und es wurde ihr gleichzeitig ein Recht auf Selbstentfaltung im Sinne der naturrechtlichen Freiheitsgedanken zugesprochen.

War die Frau, ihr Körper, wie wir in den vorhergehenden Kapiteln gesehen haben, oft als negativ, ›triebhaft‹ und ›gefährlich‹ bezeichnet worden, wurde sie in der darauf folgenden Zeit der Romantik des Körpers enthoben und mit neuen ›inneren‹, sauberen, fast heiligen Eigenschaften ausgestattet. Körperlos wurde ihre Fraulichkeit, ihre Mütterlichkeit idealisiert. Die Literatur aus der Romantik, die übrigens viele Anhängerinnen hatte, vermittelt dies sehr deutlich. Mit diesem romantischen Frauenbild konnte man die Frauen der gebildeten Schichten mit der Entfaltung der ›vernünftigen‹ Persönlichkeit aussöhnen, sie – wenn auch nur kurzfristig – freiwillig auf die erwünschte Familienarbeit verpflichten und sie gleichzeitig wirksam von der Suche nach der unerwünschten Emanzipation abhalten.

Nicht dank der Vorstellung, daß die Frau das gleiche Recht auf Bildung haben sollte wie ein Mann, sondern aus der Überlegung heraus, daß die Frau als Gattin und Mutter einen erheblichen Einfluß auf ihren Mann und die Kinder hat, leiteten die Aufklärer die Notwendigkeit und Pflicht ab, auch den Frauen eine sorgfältige Bildung in öffentlichen Anstalten zu gewähren. Die Schulpläne der im 19. Jahrhundert überall aus dem Boden sprießenden Mädchenschulen und Pensionate hatten deshalb immer denselben Inhalt: die Vermittlung von Eigenschaften, die für die Bestimmung der Gattin, Hausfrau und Mutter erforderlich waren.

Auch die Arbeit des Mannes, sollte er bestehen, verlangte von ihm die Anspannung aller Kräfte und eine einseitige Ausrichtung auf berufliche Leistung, ohne Rücksicht auf eigene Bedürfnisse, nach den neuen gesellschaftlichen Verhaltensregeln: Pflicht, Disziplin und Selbstkontrolle. Zweckrationales Denken war gefragt oder ›Vernunft‹, wie es Voltaire als geistiger Vertreter des damaligen Bürgertums nannte. Denn unter Vernunft verstanden die Aufklärer in erster Linie Rationalität, die im Gegensatz stand zur ›unvernünftigen‹ Natur, die Kindern, Frauen und ›Naturvölkern‹ zugeordnet wurde.

Ein Widerspruch in sich scheint es, daß ausgerechnet die Frau zuständig gemacht wurde für die Orientierung der Kinder an den neuen Anforderungen der Industriewelt, die scheinbar so gegen die Natur der Frauen war, daß man ihr darin keinen Platz zumuten konnte. Die Frau, die doch angeblich *nur* für den Bereich Natur und Gefühl bestimmt war, erzog fortan das Kind zu Selbstkontrolle, Pflichtgefühl und Disziplin, Eigenschaften, die ihr selbst abgesprochen wurden und die angeblich samt und sonders ›männliche‹ Eigenschaften waren! Gleichzeitig wurde die ideologische Festlegung der Frau als ›Erholungsraum‹ des Mannes und als zuständig für die Bedürfnisse der Familie als ›natürliche‹ Ordnung angesehen.

Die Frau galt als von Natur aus beschränkt. Philosophen, Literaten und Theologen erklärten, die Frau besitze keine Weitsicht, sei von Natur aus demütig, geduldig, opferwillig und füge sich glücklich in die Unterordnung. Dieses männliche Wunschbild hat sich bis heute erhalten, man denke nur an den ›natürlich‹ weiblichen Masochismus, wie er im Sexgeschäft und in der Psychologie Frauen unterstellt wird.

Die Ehe sei ein durch Natur und Vernunft bestimmtes Verhältnis, begründete der Philosoph Fichte 1796. Nach Fichte ist die Liebe auch »die völlige Hingabe der Persönlichkeit und konsequenterweise auch die Abtretung allen Vermögens und aller Rechte an einen und einzigen Mann«[8], der seinerseits durch die völlige Auslieferung der Frau den Beschützerinstinkt verspürt und sich moralisch verpflichtet fühlt, sich der Frau gegenüber mit ›Großmut‹ und ›ehelicher Zärtlichkeit‹ zu verhalten.

Nach dem sich neu durchsetzenden ›Vernunft-Denken‹ war es gerade bei gebildeten Männern des 18. Jahrhunderts üblich, das eigene Verhalten zum Maßstab zu nehmen und das emotionalere Verhalten der Frauen kurzerhand mit dem von Kindern oder Naturmenschen gleichzusetzen. Die Verkindlichung der Frau wurde hier gefördert, wenn nicht sogar in der gebildeten Bürgerschicht als ›chic‹ und nobel empfunden, wurde sie doch zusätzlich mit neuen Eigenschaften wie ›fragil‹ und ›kränklich‹ versehen, die sie im 19. Jahrhundert zum ›schwachen Geschlecht‹ stempelte.

War der Frau vor dem 19. Jahrhundert mit dem Bild der triebhaften Verführerin eindeutig der Sexualtrieb zugestanden, wurde ihr im 19. Jahrhundert im Zuge der Neuverteilung menschlicher Eigenschaften in männliche und weibliche eine eigene Sexualität abgesprochen. War sie trotzdem ›triebhaft‹, war sie demzufolge ›abartig‹, außerhalb der Norm, eben wie eine Prostituierte. Nach Fichte war »für den Mann die Befriedigung des Geschlechtstriebes im Zeugungsakt vernünftig«, da er der aktive Teil sei. Die Frau aber, als ›passive Empfängerin‹ des Samens gedacht, habe nur einen einzigen vernünftigen Naturtrieb, die Liebe, das heißt den Trieb, »einen Mann zu befriedigen«.[9]

Für die Verbreitung und Durchsetzung dieser Vorstellung sorgten zahlreiche kirchliche Schriften, Familienratgeber und literarische Texte, selbstverständlich von Männern geschrieben. Kleriker und Literaten waren schnell bereit, die Frauen diesbezüglich zur Ordnung zu rufen.

So hieß es in einem Frauenalmanach Ende des 18. Jahrhunderts:

Wenn die Natur euch zum heiligen Geschäft mit eurem rechtsmäßigen Gatten auffordert, ihr Gattinnen und Mütter, (…) dann müssen euere körperliche Beschaffenheit weder durch Krankheit noch auch durch eine verderbliche Gleichgültigkeit gehindert werden, euren wichtigen Pflichten nachzukommen.«[10]

Oder aus dem *Geheimen Handbuch für Beichtväter* im 19. Jahrhundert, mit dem Beichtväter unter anderem den Frauen beibringen sollten, der männliche Samenerguß sei gleichzusetzen mit der Notdurft:

Sie müssen bedenken, liebe Schwester, daß ein Ehemann, der seine Frau zärtlich liebt, nicht enthaltsam sein kann. Sie sind daher gehalten – alles andere wäre Todsünde, – ihm ihre Arme zu öffnen und seinen Sinnen Befriedigung zu geben. Wenn Sie zum Beispiel das dringende Bedürfnis hätten, ihre Notdurft zu verrichten, und Sie gäben ihrem Mann diese natürliche Notwendigkeit zu verstehen, er würde Sie dann aber dazu auffordern, die Sache auf morgen zu verschieben, dann würden Sie sich gewiß sagen, Ihr Gatte sei fahrlässig oder dumm, und Sie würden Ihren ›Haufen‹ einfach irgendwo abladen. Wenn Sie sich weigern, ihn zu empfangen, wird er sein Sperma in ein anderes Gefäß gießen als das Ihre, und seine Unkeuschheit wird ihre Sünde sein.[11]

So ungeheuerlich und dumm solche Ratschläge für die Ohren von Frauen der heutigen Generation tönen, sie waren allgemein verbreitet. Gerade das Vorurteil, Frauen seien selbst schuld, wenn ihr Partner fremdgeht, ist heute noch lebendig wie eh und je.

Auch im 20. Jahrhundert mangelte es nicht an Ratschlägen, wie unsere Mütter-Generationen bis in die 50er Jahre hinein ihre eheliche Pflicht zu verstehen hätten:

Spiegelt dieser Sachverhalt nicht deutlich die Aufgabe der Frau in der Ehe.(…) als Führerin im Seelischen? Entzieht sie sich durch prüdes Vorurteil der schrankenlosen Hingabe, so wird die vollkommene Befriedigung im ehelichen Verkehr unmöglich.(..) Damit beantwortet die Natur selbst die Frage nach der ›Verpflichtung‹ zum ehelichen Verkehr. Das Streben der Frau, den geliebten Mann glücklich zu machen, drängt sie ohnehin zur Hingabe.[12]

Aufgrund ihrer verschiedenen Tätigkeitsbereiche entwickelten sich mit der Zeit bei Männern und Frauen unterschiedliche Verhaltensweisen.

Bis Anfang dieses Jahrhunderts war die ›psychische Zurichtung‹ aller Frauen auf das Idealbild Gattin und Mutter und die aller Männer auf ›Ernährer‹ und ›Männlichkeit‹ mit breitem gesellschaftlichen Konsens gelungen. Mann und Frau verhielten sich gemäß ihrer Erziehung. Selbstverständlich gab es auch in der vorindustriellen Gesellschaft typische Eigenschaften, die den Frauen oder Männern zugeordnet wurden. Doch waren sie nicht innerlich angelegt, sondern entstanden vorrangig aus den Anforderungen, die sich klar nach dem jeweiligen sozialen Stand richteten.

So stand eine Magd in ihrem Verhalten dem Bauern näher als einer adeligen Dame. War bei der Bürgersfrau Ordnung, Tüchtigkeit, Organisationstalent, Selbstdisziplin, Strenge in der Führung des Gesindes gefragt, war dies bei der Adelsfrau oder Patrizierin nicht nötig, denn Feinheit, die Wahrung der Etikette, Repräsentationspflichten und demzufolge große Selbstkontrolle standen hier im Vordergrund. Bei der Magd hingegen wurden Eigenschaften wie Gehorsam, Arbeitswilligkeit, Bescheidenheit, Robustheit, Fleiß und Kraft geschätzt.

Viele Frauen aus dem Adel genossen eine gewisse Freiheit des Geistes und hatten immer schon Möglichkeiten gefunden, ihr Leben eigenständig zu gestalten. Frauen aus den Unterschichten und auf dem Land arbeiteten immer, denn ihre Familien hätten ohne die Arbeit der Frauen nicht überleben können.

Die Idee der ›Mutter als Erzieherin‹ und ›Gattin‹ als einziger Lebensinhalt fiel verständlicherweise zuerst bei den Frauen des aufsteigenden Bürgertums auf fruchtbaren Boden. Für die Frauen der mittleren Schichten veränderte sich das Leben durch die Trennung von Arbeits- und Lebensgemeinschaft zuerst. Da ihre Männer nicht mehr im Haus arbeiteten, fiel ein großer, vielfältiger Arbeitsbereich für Frauen weg. Die Mittelstandsfrauen waren darum auch die ersten, die diese für sie von den Männern vorgesehene und errichtete Gegenwelt der Hausfrau als ihre eigene anerkannten.

Sie hatten sich die Wertvorstellungen ihrer ›Versorger‹ längst zu eigen gemacht und begrüßten nun diese neue Aufgabe der Erzieherin. Schließlich erhielten sie zusammen mit der schon vorhandenen Schlüsselgewalt dadurch zusätzliche Entscheidungsbefugnisse über ihre Kinder, was einen wichtigen Machtzuwachs für sie bedeutete und sie gleichzeitig zum absoluten Angelpunkt der Familie machte. Im Gegensatz zur heutigen Hausfrau hatten sie aber zu ihrer persönlichen Entlastung immer Dienstpersonal zur Verfügung.

Die Aufrechterhaltung des neuen städtischen Familienmodells benötigte einen ›Ernährer‹, einen Mann, der genug Geld für den Unterhalt der ganzen Familie heimbrachte. Dies war für einen großen Teil der Bevölkerung nicht möglich und wurde deshalb anfänglich nur in der merkantil-industriellen Bürgerschicht verwirklicht. Mit der Zeit wurde es auch zu einem erstrebenswerten Vorbild für Frauen aus der Arbeiterklasse, die hofften, von ihrer jahrhundertalten Rolle als Miternährerinnen der Familie befreit zu werden.

Unabhängig davon, wie offensichtlich Wirklichkeit und Ideal auseinanderklafften, waren alle Frauen vom ausgehenden 19. Jahrhundert mit dem Stempel ›Hausfrau, Gattin und Mutter‹ versehen. Die Kleinbürgerin konnte diesem Vorbild nur nachkommen, indem sie unermüdlich alles selber herstellte, zusätzlich Heimarbeit annahm und an allen Ecken sparte.

Die Arbeiterin, die das neue Frauenideal zunehmend verinnerlicht hatte, schaffte es überhaupt nicht. Wie sehr sie sich auch anstrengen mochte, konnte sie doch dem von der Kanzel und in der Schule vermittelten Frauenideal der tugendsamen Hausfrau und Mutter auch unter Aufbietung aller Kräft nicht entsprechen. Der vielgepriesene Ernährerlohn reichte oft nicht aus – trotz fleißigen Schaffens, Sparens und nächtelanger Heimarbeit neben der Herstellung und Instandhaltung der Kleidung für die ganze Familie –, um den Unterhalt der

Familie sicherzustellen. Ein großer Teil dieser Frauen arbeitete Anfang dieses Jahrhunderts noch zusätzlich zehn bis zwölf Stunden täglich auswärts, entweder in Fabriken oder bei ›Herrschaften‹.

Als Mädchen für eine Zukunft als ›Gattin und Mutter‹ in wirtschaftlich gesicherten Verhältnissen erzogen, fühlten sich viele Frauen verschaukelt und vom Leben ungerecht behandelt. Sie waren oft verbittert über die Notwendigkeit, auswärtige oder Heimarbeit machen zu müssen. Sie und ihre Familie sahen die Erwerbstätigkeit der Frau als ein Zeichen des Ungenügens des Mannes oder des Staatssystems an, das dem Mann nicht die Möglichkeit gab, seine vorgesehene Aufgabe als Ernährer der Familie zu erfüllen. Darum empfanden arbeitende Frauen ihre Männer oft als ›Versager‹ und sich selbst damit auch.

Der in großem Tempo steigende Standard für die Haushaltsführung und Kinderpflege erhöhte den täglichen Arbeitsaufwand für die Mütter auf das Mehrfache.

Gleichzeitig wurde dies aber allgemein nicht als zusätzliche Arbeitsbelastung empfunden, sondern als großartiger Fortschritt der Zivilisation angesehen. Schließlich tat die hygienische Revolution mehr zur Verbesserung des allgemeinen Gesundheitszustands und zur Überlebensmöglichkeit der Säuglinge als alle anderen medizinischen Fortschritte neuester Zeit. Doch all dies war auch mit Arbeit verbunden, und diese wurde von den Frauen geleistet.

Manchmal nahm die Hygienisierung der Gesellschaft allerdings auch übertriebene Formen an. Die ›Bazillus-Hysterie‹, wie Betty Friedan dies in ihrem Buch *Der Weiblichkeitswahn* nennt, verpflichtete die Hausfrauen, mit peinlichster Sauberkeit gegen die neu entdeckten Krankheitserreger vorzugehen, die sich ›tückisch‹ und unsichtbar in jedem Staubkörnchen versteckten. So entwickelte sich die zeitaufwendige und kräfteaufreibende Reinigungs- und Wascharbeit zu einer mehrtägigen Tyrannei von Waschtagen und Großreinemachen. Die technischen Erleichterungen der Hausarbeit, wie fließendes Wasser, Waschmaschinen, Staubsauger, elektrischer Kochherd und Zentralheizung, erreichten die Haushalte der Frauen erst viel später.

Nun standen aber gerade Mütter aus armen Familien hinsichtlich der

Kleider- und Körperpflege unter strenger sozialer Kontrolle, die von seiten der Öffentlichkeit auf sie ausgeübt wurde. Beispielsweise mußte das Kind ›anständig‹ und ›sauber‹ angezogen zur Schule und dort der gefürchteten allmorgendlichen Sauberkeitskontrolle der Lehrkraft (Ohren, Hände, Fingernägel etc.) standhalten.

Arbeitslosigkeit, Not und Alkohol waren Probleme, die in der politischen Öffentlichkeit als ›soziales Problem‹ zur Kenntnis genommen wurden. In diesem Zusammenhang war auch viel von Überlastung und allgemeinen körperlichen Erschöpfungszuständen von Frauen die Rede. Gleichzeitig wurde in den 20er Jahren dieses Jahrhunderts der Anfang des Geburtenrückgangs als »großes Defizit an Mütterleistung«[13] beklagt. Es schien, als wären die Frauen bereit gewesen, den Arbeitsaufwand entsprechend den erwarteten gesellschaftlichen Standards zu steigern, doch gleichzeitig auch für sich die Entscheidungsfreiheit in Anspruch zu nehmen, für wieviele Kinder sie einen solchen Aufwand betreiben wollten.

Das erste Viertel dieses Jahrhunderts war gekennzeichnet von – nicht zufälligerweise parallel verlaufenden – heftigen öffentlichen Abtreibungsdebatten, Emanzipationsbestrebungen der Frauen und einem gleichzeitig wachsenden Mutterkult.

In dieser prekären Situation hatte der Verband Deutscher Blumengeschäftsinhaber im Jahre 1923 eine geniale Idee: Er lancierte den ›Deutschen Muttertag‹ und brachte die aus den USA importierte Erfindung als neue Volkssitte unter die Leute.

Die Historikerin Karin Hausen bezeichnet in ihrem Essay ›Mütter, Söhne und der Markt der Symbole und Waren‹ den deutschen Mutterkult der 20er Jahre als gesellschaftspolitischen Therapie-Versuch, der damals darauf abzielte, das Leistungsvermögen und die Leistungsbereitschaft der erschöpften Frauen zu erhöhen.

Es ist interessant zu beobachten, daß in der Flut von Mutterverehrungsliteratur und Poesie die Söhne am fleißigsten am Werk waren – die Töchter wuschen sich vermutlich ihre Wäsche selbst. Der Muttertag, inzwischen in fast allen deutschsprachigen europäischen Ländern gefeiert, war an sich von Anfang an ein zynischer Hinweis auf die Arbeit, die die Frauen für ihre Familien an 365 Tagen im Jahr unbezahlt machen. Ein Tag mit Blumenstrauß und Torte, und

96

man(n) durfte an den restlichen 364 Tagen wieder mit gutem Gewissen die selbstverständlichen Mutterleistungen fordern.

War es Zufall, daß der Mutterkult gerade in der Krisenzeit nach dem ersten Weltkrieg aufkam, als verheiratete Frauen mit dem Etikett ›Doppelverdienerin‹ wieder aus dem Arbeitsmarkt verdrängt wurden? Gern wurde im Zusammenhang mit dem Geburtenrückgang und der Berufstätigkeit der Frau die Zerstörung des Familienlebens als gefährlichste Bedrohung angeprangert, die einen Mangel an ›Gemeinschaftssinn und Opferwilligkeit‹ zur Folge haben würde. Man(n) beklagte in den 30er Jahren den ›Niedergang der Weiblichkeit und Mütterlichkeit in unserem Volk‹. Die Frauen würden wegen schrankenloser Genuß-Sucht und Individualismus ihrem eigentlichen Frauen- und Mutterberuf gleichgültig gegenüberstehen![14]

Den deutschen Mutterkult der Nachkriegszeit und den Appell an die Frauen, sich wieder an ihre Rolle der aufopfernden Dienerin der Familie zu erinnern, wertet Hausen aber auch gleichzeitig als verzweifelten Versuch, den Verlust der Männlichkeit aufzuhalten. Die Erfahrungen im ersten Weltkrieg hatten für viele Soldaten das ›männliche Prinzip‹ sehr ins Wanken gebracht. Schließlich hatte der Krieg die Soldaten nicht als erfolggewohnte Helden, sondern als an Leib und Seele beschädigte Männer entlassen.

Bei der Rückkehr nach Hause wurden die zur ›Männlichkeit‹ erzogenen Männer noch zusätzlich mit einer Tatsache konfrontiert, die von vielen als bedrohlich erfahren wurde:

Es hat sich gezeigt, daß die auf ›Mütterlichkeit‹ festgelegten Frauen selbst mit Kindern imstande waren, als Stellvertreter der Männer in der Familie und im gesellschaftlichen Arbeitsprozeß zu fungieren.[15]

TEIL 3

Mütter zwischen pädagogischen und psychologischen Ansprüchen

1 Die Psychologisierung
der Kindererziehung

Als schwangere Frau darf ich heutzutage kaum an etwas Böses
denken, ohne befürchten zu müssen, später für alle seelischen Probleme meines Kindes verantwortlich gemacht zu werden.
Seit Janovs Buch *Der Urschrei* in den 70er Jahren Furore machte,
hält die Suche oder Flucht in die pränatale Vergangenheit unvermin-
dert an. Höchste Auflagen erreichen pseudowissenschaftliche Publikationen, die in einfacher schwarz-weiß Darstellung persönliche
Erkenntnisse oder Therapiemethoden als alleinseligmachend anprei-
sen. So kann man zum Beispiel lesen:

Wenn eine Mutter das Sichtbarwerden ihrer Schwangerschaft durch
Einschnüren ihres Körpers unterdrücken muß, traumatisiert sie damit
bereits ihr Kind. Der kleine Mensch wird sich als eingeengt, bedroht
und gequetscht empfinden(...) Infolge der soeben beschriebenen Situation entstehen latente Fixierungen auf Feuchtigkeit, ganz bestimmte
Berührungsempfindungen, Dunkelheit, Druck, Enge, Angst, Herzrasen,
Organschmerzen.(...) Wesentlich ist, daß dieser Mensch aufgrund seiner
Verletzungen in seinem weiteren Leben Anpassungsschwierigkeiten
haben wird.[1]

Mütter werden mehr oder weniger unterschwellig angeklagt, durch
den Geburtsakt das Kind zu foltern und ihm dadurch spätere Schäden
zuzumuten.

Durch eine lange und schwierige Geburt wird eine solche pränatale
Symptomatik noch verstärkt und kompliziert.(...) Im Sexuellen hat das
Störungen zur Folge, die sich als Perversionen oder Impotenz bemerkbar
machen.[2]

Derartiger Literatur zufolge machen wir Mütter uns schon bei der
Geburt schuldig, wenn wir uns nicht gegen den diensthabenden Arzt
durchsetzen können, zum Beispiel um zu verhindern, daß die Nabel-

schnur zu früh durchgeschnitten wird. Die ›fürchterliche Traumatisierung‹ des natürlichen Geburtsakts führt angeblich zur ›Suche nach Betäubung‹ und verführt im späteren Leben zu Rauchen und anderen Suchtverhalten. So einfach ist das!

Von jeder als seriös ausgewiesenen Fachperson aus der medizinischen und psychologischen Forschung kann man bei näherer Befragung erfahren, daß dies unbewiesene Behauptungen sind.

Jährlich erscheinen neue populärwissenschaftliche Weisheiten dieser Art (die höchstens mit persönlich gehaltenen Beispielen belegt werden und nie nachprüfbar sind) und suggerieren den Müttern in einem Mischmasch von Halbwahrheiten und erfundenen ›Beweisen‹ direkt oder indirekt immer das gleiche: Ich, die Mutter allein, bin schuld, wenn mein Kind nicht nach der vorgegebenen Norm funktioniert. Ich bin schuld, wenn mein Kleinkind am Daumen lutscht, an Dreimonatskolik oder Asthma leidet, nachts schreit und tagsüber quengelt. Ich bin schuld, wenn es später an Schulangst leidet, bettnäßt, stiehlt, raucht oder ein unglückliches Liebes- und Arbeitsleben führt.

Ob unbewußt oder bewußt, die Mutter ist an allem schuld. Diese Botschaft erhält sie auch im Alltag von allen Seiten. Wenn es nämlich um Erziehung geht, scheinen alle Mitmenschen, ob Nachbarn, Freundinnen oder Familienmitglieder, zu Experten und Expertinnen zu werden.

Zusätzlich floriert seit Jahren aber auch eine internationale Fachbücher-Industrie, die mit Ratgebern für Kinderpsychologie und Erziehung den Müttern den Weg weist. Unzählige Bücher, Broschüren, Elternkurse, Fernseh-Serien und Elternbildungsprogramme machen den Eltern, vor allem den Müttern, klar, wie sie sich richtig verhalten sollen.

Auch wenn diese Erkenntnisse beispielsweise aus der Arbeit mit autistischen Kindern oder mit Kindern in extremen Situationen stammen, werden sie gern auf alle Kinder übertragen. Und mit dem Brustton der Überzeugung wird die jeweilige Methode als die einzig richtige propagiert.

Von allen Seiten werden Mütter heute ›aufgeklärt‹ und belehrt. Wenn wir uns diese Flut von Expertenanweisungen zu Herzen nehmen, sind wir – so möchten wir glauben – perfekte Mütter und erziehen unsere Kinder zu glücklichen Menschen. So einfach ist das!

Oder etwa doch nicht? Wieso haben Psychologinnen und Mütter das Gefühl, Erziehung sei heute schwieriger geworden? Wieso haben die Mütter heute dauernd Angst zu versagen, Angst, das Kind doch nicht ›richtig‹ erzogen zu haben?

Bei meinen Umfragen und Diskussionen zur Vorbereitung dieses Buchs tauchte immer wieder dasselbe Argument auf: Kinder sind in den Augen der Gesellschaft ein privater Luxus.

Neben der Unmöglichkeit, den Erziehungsansprüchen der Gesellschaft zu genügen, scheint die wachsende Kinderfeindlichkeit den Müttern am meisten zu schaffen zu machen. Dieselbe Gesellschaft, die wie nie zuvor die ›Persönlichkeit‹ des Kindes betont, mag eigentlich keine Kinder.

Zwar füllen Kinder viele Lohntüten, sei es für die Beschäftigten in Werbung, Politik, Bau- und Spielzeugindustrie, im Ausbildungs- und nicht zuletzt im Verkehrs- und Versicherungswesen, und täglich werden Berichte, Analysen und Untersuchungen über Kinder oder über das Kind erstellt, doch das real existierende Kind, wie es lebt, quirlig und laut, ist der gestreßten Gesellschaft lästig.

Inkompatibel, der Anschluß paßt nicht! Die befragten Mütter fühlen sich oft wie ein Puffer zwischen dem Ruhebedürfnis der Mitbewohner und dem Bewegungsdrang der Kinder. Die Zukunftsversprechen (»unsere Kinder sollen es einmal besser haben«) werden nur auf einer materiellen Ebene eingelöst. Im realen Alltag haben Kinder und Jugendliche in den vergangenen Jahrzehnten kontinuierlich an Lebensraum verloren. Die schöpferischen und spontanen Bedürfnisse der Kinder werden übergangen.

Für die Eltern aber heißt das moderne Erziehungsgebot, die Bedürfnisse des Kindes zu respektieren und gleichzeitig möglichst alle Fähigkeiten zu fördern. Und wer soll dieses Kunststück fertigbringen? Selbstverständlich die im Alltag eingesetzte Erziehungsverantwortliche: die Mutter.

Über die Kinder wird ein Netz von Theorien geworfen und mit demselben Netz werden auch die Mütter gefangen. Denn als Resultat der einschlägigen Fortschritte in Pädagogik, Psychologie, Medizin steht mehr Wissen zur Verfügung und wird populärwissenschaftlich verbreitet, und als ›gute‹ Eltern gelten nun die, die sich dieses Wissen aneignen zum Wohle des Kindes.[3]

So lassen sich auch begeisterte Mütter immer wieder verunsichern. Bei jeder Gefühls- und Leistungsschwankung ihres Kindes suchen die Mütter zuerst den Fehler bei sich, viel mehr noch, wenn beim Kind wirklich etwas nicht stimmt, wenn es zum Beispiel autistisch oder ein POS-(organisches Psychosyndrom-)Kind ist.

Die ›richtige Erziehung‹ gibt es nicht mehr, die Flut von Fachliteratur gibt widersprüchliche Antworten. Dies haben die Mütter inzwischen selbst bemerkt. Die von Generation zu Generation tradierte Erziehung gilt aber auch als falsch und veraltet. Wie kann denn eine Mutter überhaupt ›richtig‹ erziehen?

Die Verunsicherung ist aus historischer Sicht erklärbar. Eine grundsätzliche Verunsicherung erfuhren Frauen in ihrem Selbstverständnis als Mütter, als Experten in den Bereich der Kindererziehung eingriffen und damit das Muttersein neu definierten – beispielsweise als exklusive Mutter-Kind-Beziehung.

Die Phase der Kindheit wurde immer mehr ausgeweitet (sie dauert heute 16-18 Jahre), und dadurch wurde auch die mütterliche Zuständigkeit ausgedehnt. Die mütterliche Fürsorge möchte man sich heute am liebsten das ganze Leben lang erhalten.

Hand in Hand mit der Entdeckung des Kindes als Erziehungsobjekt in der Aufklärungszeit traten auch die Erziehungsexperten in Erscheinung. Nachdem im 18. Jahrhundert die erste breitangelegte Erziehungsdiskussion stattfand, setzte sich in der westlichen Welt das rationale Prinzip des Menschen als ›Macher‹ durch. *Der* Mensch konnte von nun an die Umwelt im biblischen Sinn nach seinen Vorstellungen formen, sich ›untertan‹ machen.

In der Euphorie des Fortschrittsglaubens kam die Vorstellung auf, daß alles machbar sei, auch der Mensch. Dies hatte zur Folge, daß im 19. Jahrhundert die verschiedensten Erziehungsexperimente durchgeführt wurden, in der Hoffnung, daß damit der Schlüssel zum Rätsel Mensch und zum neuen Menschen gefunden werden könne.

Als Symbol dieser Zeit können die Erziehungs-Torturgeräte von Dr. Schreber gelten. Er erfand Gestelle und Möbel, an die Kinder stunden-

oder nächtelang angebunden wurden, um die Körperhaltung zu ›korrigieren‹ oder die Kinder am Masturbieren, Daumenlutschen usw. zu hindern. Für Schreber waren Kinder wie junge Bäumchen, die man mit einem passenden Stecken ausrichten mußte. Schreber wandte seine disziplinierenden strengen Erziehungsmethoden auch bei seinen eigenen Kindern an. Einer seiner Söhne beging in jungen Jahren Selbstmord, und der andere war sein Leben lang psychisch krank.

Je nach Schicht sah die Erziehung im 19. Jahrhundert unterschiedlich aus. Den oberen und mittleren Schichten galt Selbstkontrolle und Wissensbildung als oberstes Gebot und Onanie als größter Feind des Menschen. Dieses Laster wurde als zerstörerisch für Hirn und Körper angesehen, zu seiner Verhinderung wurden in der prüden viktorianischen Zeit Unmengen von Torturinstrumenten angewandt und psychischer Druck auf die Kinder ausgeübt. Es ist daher kein Wunder, daß diese Generation eine Fundgrube für Sigmund Freuds Studien wurde und ihn zur starken Betonung der Sexualität innerhalb seiner Theorien führte.

Für die unteren Schichten befürwortete man noch bis in dieses Jahrhundert die Erziehung zur Arbeit. Beliebte Versuchsobjekte der neuen Erziehungswissenschaftler waren Waisen und Heimkinder, überhaupt Kinder aus armen Schichten.

Gerade armen, alleinstehenden Müttern wurden oft die Söhne mit der Begründung weggenommen, ihnen käme zu Hause zuwenig Erziehung zuteil. In den Erziehungsheimen wurden sie dann nicht selten als Versuchskaninchen neuer Erziehungsexperimente mißbraucht (da Mädchen als weniger bildungswürdig galten, wurden sie eher verschont).

Nicht durchschnittliche Eltern-Kind-Situationen, sondern Waisenhäuser, Kinderheime und Krankenhäuser (und dabei vor allem von der Norm abweichende Kinder) boten auch noch in diesem Jahrhundert für viele Entwicklungspsychologen den Stoff, aus dem Psychologen wie zum Beispiel Watson, Spitz und Bowlby ihre Theorien erarbeiteten.

Das Kind rückte im 20. Jahrhundert immer mehr ins Rampenlicht des öffentlichen Interesses. Seiner Erziehung und Entwicklung wurde immer mehr Aufmerksamkeit entgegengebracht. Die Mütter wurden umgeben mit alten und neuen Experten: Theologen, Philosophen, Anthropologen, Medizinern, Pädagogen, nicht zuletzt auch Ökonomen, die ihre Vorstellungen vom Kind hatten.

Für alle war das Kind Material, mit dessen Hilfe sie die Zukunft zu gestalten glaubten. Material, das die Ökonomen der 60er Jahre unverblümt auch als ›Kapital‹ bezeichneten, wie folgendes Beispiel zeigt:

Es gilt daher, diesem ›Menschenmaterial im Rohzustand‹ eine ungeheure Fülle von Kenntnissen und Fähigkeiten beizubringen, um es für das Leben in einer hochdifferenzierten Wirtschaft und Gesellschaft tauglich zu machen.[4]

Wen wundert es, daß sich im Zug des Fortschrittsglaubens und Machbarkeitswahns in den 50er und 60er Jahren die Tendenz durchsetzte, das Kind auf möglichst allen Gebieten zu fördern.

Bis heute ist der Machbarkeitsglaube vieler Erziehungsexperten, Psychologen und Wissenschaftler immer noch ungebrochen. Sie setzen nicht nur übertriebenes Vertrauen in die Vervollkommnungsfähigkeit von Kindern und Eltern, sondern auch in die Unfehlbarkeit von Erziehungstechniken.

Auch die meisten Frauen, ob Lehrerinnen oder Mütter, haben von Anfang an an diesem Fortschrittsglauben begeistert teilgenommen. Sie erhofften sich durch die Verwissenschaftlichung der Hausarbeit und der Erziehung eine Aufwertung ihres weiblichen Arbeitsbereichs. Und die Erziehungsexperten ließen sie in diesem Glauben.

War Anfang des 19. Jahrhunderts die Erziehung noch moralisch und philosophisch begründet, so wurde seit der Mitte desselben Jahrhunderts die Wissenschaft immer wichtiger, und damit auch der Grundsatz des Nützlichkeitsdenkens. Zum moralischen und medizinischen Expertentum kam dann um die Jahrhundertwende noch eine neue Disziplin der Kindererziehung hinzu: die Psychologie.

Sobald sich auch die Psychologie als Wissenschaft etabliert, das heißt in Versuchslabors und Universitäten ihren Platz eingenommen hatte, wurden nun in ihrem Namen zu jedem Thema, das auch nur im entferntesten mit dem menschlichen Verhalten zu tun hatte, eigene wissenschaftliche Erklärungen abgegeben. Wie verschieden die Ansichten über das Kind sind, kann am Beispiel der Entwicklungspsychologie gezeigt werden.

Für John Watson, den Vater der amerikanischen Verhaltensforschung, war das neugeborene Kind einzig »... ein sich windendes Stückchen Fleisch, gerade fähig zu ein paar einfachen Reaktionen.« Nach Watson können die Eltern dieses Rohmaterial nehmen und es so formen, wie es ihnen gefällt. Diese Theorie paßte wunderbar zum neu aufgekommenen Traum, daß jedermann das Zeug zum Millionär oder Genie habe. Es war also kein Wunder, daß sie von den Eltern gern akzeptiert wurde, versprach Watsons Theorie doch, »daß Eltern aus ihrem Kind machen können, was sie wollen«.[5]

Für Arnold Gesell, den Vater vieler Entwicklungsvergleichstests, die wir von der Kinderarztpraxis her kennen, ist das Kind eine Art ›Selbstentwickler‹[6] und nicht so formbar wie bei Watson. Gesells Kind ist von Natur aus so eingerichtet, daß es ohne viel Zutun der Eltern aufwächst. Es durchläuft seine Entwicklungsphasen, die vorausbestimmt sind. Kinder haben nach Gesells Theorie individuelle Entwicklungsgeschwindigkeiten, aber dasselbe Ziel. Ein Baby, das früher laufen oder sprechen lernt, wird später nicht besser laufen oder sprechen als andere Kinder. Gesells Theorie liegt die Vorstellung zugrunde, daß der Mensch genetisch vorprogrammiert ist, ganz im Gegensatz zu Watson, nach dem die Umwelt allein den Menschen formt. Der Streit zwischen den Befürwortern der Umwelt- und der Vererbungs-Theorie dauert bis heute an.

Eine dritte Ansicht vertrat Sigmund Freud, der Vater der Psychoanalyse. Sein Kind scheint von Anfang an ein brodelnder Kessel voller Konflikte zu sein. Es ist seinen ›Trieben‹ unterworfen und unausweichlich immer in Konflikt entweder mit seinen Eltern oder mit sich selbst. Freuds Theorie über die kindliche Sexualentwicklung gehört – obwohl sie einiges dem Zeitgeist des prüden viktorianischen Bildungsbürgertums verdankt – heute zum Alltagswissen. Alle reden von der ›analen‹ oder ›ödipalen‹ Phase und ihren Folgen, als wären dies klar bewiesene, allgemein gültige Tatsachen.

Das sind sie jedoch keineswegs. Das Material, das Freud in seinen Kreisen unter den Bedingungen seiner Zeit sammelte und interpretierte, kann heute, 90 Jahre später, unter veränderten Umständen und

Lebensformen, so nicht mehr verwendet werden. Nehmen wir nur ein Beispiel: die Neurosentheorie Freuds. Seine Annahme, der Ursprung aller neurotischen Störungen sei in den ersten sechs Lebensjahren zu suchen, konnte inzwischen durch Untersuchungen aus der Praxis widerlegt werden.

Jeder der drei genannten Experten beeinflußte mehr oder weniger die Anschauungen über Kinder und Kindererziehung in unserem Jahrhundert und damit Scharen pädagogischer und psychologischer Experten. Diese wiederum haben großen Einfluß auf das elterliche, speziell auf das mütterliche Verhalten. Die ersten Verhaltens-und Kinderentwicklungsforscher um die Jahrhundertwende forderten die Mütter auf, als eine Art wissenschaftliche Assistentinnen die Kinder zu beobachten und ihre sorgfältig aufgeschriebenen Notizen über Lauf-, Greif- und Sprachfortschritte an den Herrn Doktor weiterzugeben.

In der zweiten Forschergeneration, in den 20er und 30er Jahren, war die Mitarbeit der Mütter nicht mehr gefragt, ja sie wurde abgelehnt. Nichts konnte nämlich die rational-wissenschaftsgläubigen Experten in ihrem Elfenbeinturm mehr irritieren als das irrationale gefühlsmäßige Element in der Mutter-Kind-Beziehung. Watson zum Beispiel wies die Mütter Mitte der 20er Jahre mit folgenden Worten zurecht:

Wenn Sie erwarten, einen Hund aufzuziehen zu einem guten Wach- oder Jagdhund, dann würden Sie bestimmt nicht im Traum daran denken, ihn wie einen Schoßhund zu behandeln, wie Sie es mit Ihrem Kind tun.

Und weiter:

Ich beschäftige mich ernsthaft mit der Frage: Ob Kinder überhaupt individuell zu Hause erzogen werden sollen? Ob es überhaupt nötig sei, daß Kinder ihre leiblichen Eltern kennen sollen? Es gibt zweifellos qualifiziertere Möglichkeiten, Kinder aufzuziehen, die vermutlich zu besseren und glücklicheren Kindern führen würden.[7]

Gleichzeitig huldigte man aufdringlich einem noch nie dagewesenen Mutterkult. War dieser deutsche Mutterkult der krisengeschüttelten Zwischenkriegsjahre eher dazu angetan, die nach ökonomischer Unabhängigkeit trachtenden Frauen wieder zurück in ihre traditionellen

Schranken zu weisen und gleichzeitig die vielen durch Selbstversorgung, Lohnarbeit und Haushalt überlasteten Mütter durch Lob funktionstüchtig zu erhalten, änderte sich die Einstellung zum Kind in den 40er Jahren gewaltig.

Nach dem Zweiten Weltkrieg wurde das Kind selbst zum Mittelpunkt, zur ›Quelle der Freude‹ und zur Grundlage einer gesunden Familie aufgewertet.

Die Frauen wurden angehalten, ihre Arbeitsplätze wieder den heimgekehrten Soldaten zu übergeben und zu Hause ihre plötzlich unverzichtbare Funktion als Mutter und Hausfrau einzunehmen. Die seit Ende des 19. Jahrhunderts vorangetriebene Hygienisierung des Haushalts und der Kinderbetreuung verlangte nun die volle Präsenz der Frauen zu Hause. Die Nachkriegsjahre waren bis zum Beginn der 70er Jahren gezeichnet vom Slogan »Schaffe, schaffe, Häusle baue«, und im ›Häusle‹ waltete die tüchtig putzende Hausmutter.

Denn sauber mußte alles sein. Vom kühl-sauberen Sex-Appeal der Doris Day im Kino über das saubere, nein, reine ›Persil‹-Hemd des Ehemannes, den sauberen Haarschnitt und die Sauberkeitserziehung der Kleinkinder bis zum sauber geputzten Wohnzimmer, das nur für Gäste reserviert war: Die Gesellschaft wurde bis in den letzten Winkel hinein durchhygienisiert.

Sterilität und Hygiene waren seit den 40er Jahren die neuen Götzen auch im Kinderzimmer. Das Kind wurde unmittelbar nach der Geburt von der Mutter getrennt und hinter Glas in einer sterilen Säuglings-Station versorgt. Die Geburt war nur noch eine Frage der Technik. Durch Wehenmittel, die verzögernd oder beschleunigend wirkten, konnten Geburten nach dem Stundenplan des Krankenhauspersonals eingerichtet und vor oder nach dem Wochenende ›erledigt‹ werden. Sterilisierte Flaschen mit adaptierter Nahrung ersetzten die ›unhygienische‹ Brust. Stillen galt als primitiv, hinterwäldlerisch und unsauber. Auch vor häßlichen, schlaffen Busen, die das Stillen erzeuge, wurde in Frauenzeitschriften gewarnt. Das pausbäckige ›Nestlé-Baby‹ war von nun an gefragt!

Das Kleinkind wurde aus dem Elternschlafzimmer oder warmen Elternbett entfernt und mit Wärmflasche in einem eigenen, frischgelüfteten Kinderzimmer isoliert. Ein Stundenplan für die Fütterung und für die Schlafenszeiten wurde aufgestellt. Bekamen die ›hygienisch‹ ernährten Flaschenkinder der 50er und 60er Jahre Verdauungsstörungen, erklärten die medizinischen Experten den verunsicherten Müttern, wann sie Fencheltee kochen und wann sie ein Zäpfchen einführen sollten. Entwickelten die allein in ihrem Zimmer liegenden Säuglinge und Kleinkinder Ängste, wurden dagegen Beruhigungströpfchen oder -sirup verschrieben.

Die verunsicherten Mütter waren mit der Zeit immer mehr angewiesen auf kluge Ratschläge von Fachleuten. Und sie bekamen, wenn sie beim Einhalten der teils rigiden Vorschriften den spontanen Kontakt zum Kind verloren, später die Vorwürfe der Psychologen zu hören. Anfang der 60er Jahre war es soweit: Das Familienideal des gebildeten Mittelstands des 19. Jahrhunderts wurde von einer breiten Masse von Frauen gelebt. Man hatte innerhalb von 150 Jahren erreicht, daß das Kind zum alleinigen Lebensinhalt für die ›Normal-Mutter‹ wurde.

Ab Mitte des 20. Jahrhunderts hatten die Mütter mit immer schneller wechselnden Erziehungstheorien zu kämpfen, die sich innerhalb kürzester Zeit um 180 Grad drehen konnten.

Mußte die Mutter, bis weit in die 40er Jahre hinein, das Kind nachts stundenlang schreien lassen, um nicht dem Vorwurf einer verantwortungslosen Nachgiebigkeit ausgesetzt zu sein, entdeckte man nach den strengen, enthaltsamen Kriegsjahren plötzlich das liebevolle Verwöhnen des Kindes. Die Spielzeugindustrie nahm dieses Bedürfnis schnell auf und entwickelte sich zu einem heute immens florierenden Gewerbe.

Der Experte verbündete sich nun kompromißlos mit dem Kind. Das Verhalten der Mutter wurde mißtrauisch beobachtet. Das Kind wurde im Laufe der 50er Jahre von der kleinen, triebhaften Kreatur, die eine energische, intelligente Erzieherin als Mutter benötigte, langsam zu einem hochempfindlichen Pflänzchen, das nur im Treibhaus der ›bedingungslosen‹ Liebe einer instinktiv richtig funktionierenden Mutter schadlos gedeihen konnte.

Vorbei war nun das Idealbild der vielseitig fähigen Frau der Kriegsjahre, die in Abwesenheit der zum Kriegsdienst eingezogenen Männer tapfer Familien- und Erwerbsarbeit unter einen Hut brachte – ohne Schaden für die Kinder.

Vorbei war das Idealbild der gescheiten, berufstätigen Frau mit
›Bubischnitt‹ aus den 20er Jahren. In den Frauenmagazinen und
Filmen wurde dieser Typ Frau ersetzt durch die fröhliche Familienmutter inmitten ihrer turbulenten großen Familie, ihrer Einkochgläser
und Putzlumpen.

Die Verschmelzung von Mutter und Kind wurde von Experten als
notwendige Voraussetzung für die gesunde kindliche Entwicklung
festgesetzt. Bowlby, der Begründer der Deprivations-(Trennungs-)
Theorie, stellte die Forderung auf, die Mutter müsse »sieben Tage
in der Woche und 365 Tage im Jahr« präsent sein, nur so könne ein
Kind gesund aufwachsen. Instinkt war wieder gefragt, der Begriff
›Natur‹ wurde aus der Mottenkiste der Aufklärung herausgeholt und
über die Mutter gestülpt.

Die ›gute Mutter‹ war von nun an diejenige, die nur auf ihren Instinkt
hörte, sich in Winnicotts Sinne völlig im Kind verlor, jedes seiner
Bedürfnisse sofort wahrnahm.

Lief etwas schief, waren nicht die Ratschläge falsch, sondern der
Instinkt der jeweiligen Mutter defekt. Bekräftigt wurden diese Theorien mit einer Flut von Publikationen über gestörte Heimkinder,
kriminelle Jugendliche, über Instinkt und Triebverhalten von Affen
und Ratten, die als Beweise herangezogen wurden für instinktives
Verhalten von Säugetier-Müttern, zu denen die Frauen ja auch
gehören.

Dazu kam noch der magische Begriff vom ›Unbewußten‹, mit dem
man seit Freud jede nicht psychoanalytisch gebildete Person schach-
matt setzen konnte. René Spitz stellte als erster die These von der
unbewußten Feindseligkeit der Mutter gegen ihr Kind auf. Nach Spitz
könnten bei Säuglingen Erbrechen, Koliken und Aggressionen durch
unbewußte Einstellungen der Mutter ausgelöst werden. Für seine
Annahmen legte Spitz keine Belege vor außer anekdotische Fallge-
schichten, die – wie übrigens auch bei Bowlby – nicht nachprüfbar
waren.

Die Falle schnappte nun endgültig über dem Kopf der Mütter zu.
Indem die Mutter einerseits zum Hauptfaktor der Förderung der
Kindesentwicklung erklärt wurde, konnte sie andererseits auch gleich-
zeitig zum Haupthindernis dieser Entwicklung erklärt werden.

Mit der Krankheit des Kindes wird die ›schlechte‹ Mutter identifiziert. Die Psychoanalyse bestimmt zwei Kategorien von schlechten Müttern: die überängstliche und die ablehnende. Jedes von der Norm abweichende Verhalten eines Kindes verrät die Mutter. Die Ursache ist der pathogene Faktor *Mutter*.

Früher ging es einzig darum, für das körperliche und geistige Gedeihen des Kindes zu sorgen. Dies reicht heute längst nicht mehr. In der heutigen Kindererziehung wird der unsichtbaren psychologischen Arbeit ein Hauptstellenwert eingeräumt.

Von Expertenseite wird gern der Eindruck vermittelt, Kinder seien von ihren Müttern mit einer Art unsichtbarer Tinte beschrieben, die jedoch nur von den psychologisch geschulten Experten gelesen werden könne.[8] Ein unheimliches Gefühl, nicht wahr? Welche nicht psychoanalytisch geschulte Mutter traut sich, dies anzuzweifeln?

Viele Mütter leiden heute unter dem belastenden Gefühl, mögliche Fehler oder Versäumnisse in der Kindererziehung seien später nicht wiedergutzumachen. Denn »die Fehler werden immer erst sichtbar, wenn es schon zu spät ist«, sagt eine Mutter. »Es ist nicht wie bei der Hausarbeit, wo Liegengebliebenes am nächsten Tag nachgeholt werden kann.«[9] Woran ist zu erkennen, daß die Mutter etwas falsch gemacht hat? Dies ist schon etwas komplizierter und abhängig vom jeweiligen Trend.

Grundsätzlich betrachten die Mütter das als Fehler, was ihnen die gerade aktuellen Experten als Fehler darstellen. Hier als ›nicht autorisierte‹ Expertin ›Mutter‹ eine autonome Haltung einzunehmen, ist verflixt schwierig!

Wie auch immer, die ›objektiven‹ Theorien der Fachleute verunsichern und bedrohen die Mütter immer stärker. Viele Mütter haben sie in den letzten 30 Jahren auch zunehmend verinnerlicht, wie zum Beispiel die Annahme der Psychoanalytiker, daß die frühen Kinderjahre über die gesamte Persönlichkeitsentwicklung entscheiden.

Oft belasten sich Mütter mit schweren Schuldgefühlen, anstatt sich zu fragen, ob nicht vielleicht etwas an der Theorie falsch sein könnte.

2 Berufstätige Mütter – Rabenmütter?

Um Viertel nach sieben Uhr morgens verläßt Rita gemeinsam mit ihrem 14jährigen Sohn das Haus. Er fährt mit seinem Fahrrad zur Schule, sie fährt mit der Straßenbahn ins Büro. Als Rita eine halbe Stunde später an ihrem Arbeitsplatz ankommt, empfängt die Betriebssekretärin sie mit der Nachricht, ihr Sohn habe einen Unfall gehabt, die Polizei suche sie.

Nichts wie los zum Unfallort. Dort angekommen, wird Rita vom diensttuenden Polizeibeamten als erstes vorwurfsvoll zurechtgewiesen, weil sie zu Hause nicht erreichbar war. Noch bevor Rita erfährt, daß ihr Kind am Leben und auf dem Weg zum Krankenhaus ist, muß sie sich anhören: »Das kommt eben davon, wenn Mütter meinen, sie müssen arbeiten gehen!«

»Heute noch, Jahre später«, erzählt Rita, »ist dieser Satz tief in mein Gedächtnis gemeißelt.« Doch nicht nur für Rita, auch für viele andere berufstätige Mütter ist dieser Satz Salz in eine offene Wunde. Mehr oder weniger verdeckt liegt der Vorwurf der egoistischen Rabenmutter immer in der Luft.

Ritas Anwesenheit zu Hause hätte den Unfall ihres Kindes nicht verhindern können, das ist klar. Trotzdem traf der gedankenlos hingeworfene Satz einen wunden Punkt. Rita fühlte sich schlecht und schuldig, weil sie nicht verhindern konnte, daß ihrem Kind ein Leid geschah.

Und genau dieses Schuldgefühl verstärkte der Polizist, indem er ihr unverblümt ein weit verbreitetes Vorurteil an den Kopf warf: eine berufstätige Mutter könne ihre Mutterpflichten nicht ›richtig‹ erfüllen. Sie gilt als nicht ›normal‹, obwohl die Erwerbstätigkeit der Frauen heute üblich ist. Darüber hinaus hat in jeder Kultur und jeder Epoche der Menschheit der Großteil der Mütter, von der Bäuerin über die Magd bis zur Fabrikarbeiterin, ihren Teil der ›Ernährer‹-Funktion für ihre Familie übernommen.

Dies ist heute dadurch erleichtert, daß die außerfamiliäre Kinderbetreuung im Vergleich zu früheren Zeiten ausgesprochen kindergerecht und -freundlich ist. Und schließlich ist in den letzten Jahren Gesetz um Gesetz geändert worden, um gleiche Rechte für Mann und Frau zu verwirklichen, gestützt von großangelegten Frauenförderungsplänen in Ausbildung und Beruf.

Auch wenn man grundsätzlich den Frauen bestimmte Kompetenzen nicht mehr abspricht, wird unterschwellig doch von einer Mutter erwartet, daß sie ihr Kind zum Mittelpunkt ihres Lebens macht, es bis ins Erwachsenenalter rund um die Uhr gurrend umhegt und vor jeder feindlichen Unbill schützt.

Trotzdem arbeitet heute jede zweite Mutter, oft in Teilzeitanstellung, und neueste Untersuchungen belegen, daß nur noch ein Viertel der Kleinkinder ausschließlich von der leiblichen Mutter allein versorgt wird.

Die Berufstätigkeit von Müttern ist heute üblich, obwohl es vielfach an – der Situation angemessenen – öffentlichen und privaten Strukturen fehlt (Kinder-Freizeithäuser in der Wohngegend, Krippen, Tagesschulen).

Für die Zufriedenheit der Mutter und ihre Beziehung zu den Kindern scheint es aber von allergrößter Wichtigkeit zu sein, daß sie freiwillig erwerbstätig ist oder freiwillig zu Hause bleibt.

Mütter, die gezwungenermaßen berufstätig sein müssen oder die ohne innere Überzeugung zu Hause bleiben und auf die Erwerbstätigkeit (und damit auch auf ihre berufliche Entwicklung) verzichten, scheinen zu ihren Kindern eine eher belastete Beziehung zu entwickeln. Sie sind oft unausgeglichener als Mütter, die ihren persönlichen Neigungen nachgehen und ihre Mutterrolle mit einer außerhäuslichen Tätigkeit verbinden können. Nichterwerbstätige Mütter, die das ›Nur-Hausfrau-Sein‹ genießen und als ausgeglichen und zufrieden bezeichnet werden, haben Untersuchungen entsprechend meistens viele außerberufliche Interessen.

Die jungen Frauen, die wählen können, haben heute andere Ansprüche entwickelt und versuchen auch als Mütter, diese Ansprüche mit ihrer Mutterrolle in Einklang zu bringen. Auch wenn zwei Drittel der Frauen beim ersten Kind oder spätestens beim zweiten vorübergehend den Beruf aufgeben, wurde die Zeitspanne, in der die Mutter mit ihrem Kind allein zu Hause bleibt, in den letzten zehn Jahren immer kürzer.

»Am Anfang ist es schwierig«, erklärt eine Mutter, »zuerst immer ganztags zur Arbeit gehen und ohne viel eigenes Dazutun während der Arbeit und den Pausen Kontakt mit Kolleginnen und Kollegen haben. Und dann plötzlich den ganzen Tag daheim und keinen erwachsenen Menschen zum Ansprechen, bis mein Mann am Abend nach Hause kommt.«[1]

Zur Kleinfamilien-Realität, bei der der Ehemann zum Hauptüberbringer von Nachrichten aus der Welt wird, kommt noch, daß die Frauen plötzlich über kein eigenes Einkommen mehr verfügen. Dies ist in unserer Leistungsgesellschaft mit Ansehen und Anerkennung verbunden. Der soziale Status des Ehemannes wird nun auch der soziale Status der Ehefrau, im positiven wie im negativen Sinne.

Heutzutage entscheiden sich Frauen für immer weniger Kinder und beabsichtigen, bald wieder erwerbstätig zu sein oder mindestens einer anerkannten Tätigkeit (ob in der Politik, dem sozialen oder gemeinnützigen Bereich) außerhalb des Hauses nachzugehen.

Dies begründet die Mutter eines vierjährigen Kindes, die kein weiteres Kind mehr will, so:

Man macht die Arbeit, man macht sie gern. Aber ich kann nicht von meinem Kind erwarten, ich kann nicht von meinem Mann erwarten, daß er mich jeden Tag in den Himmel hinauflobt oder daß ich da große Bestätigung bekomme. Im Betrieb, wenn man mit so vielen Leuten zusammen ist, da kommt auf einmal z.B. einer und bringt eine Schachtel Pralinen. Das ist irgendwie ein Aufschwung, und man sagt: »Mensch – da hab ich mich doch bloß fünf Minuten ans Telefon gehängt, hab für den irgendwas erreicht, und der schätzt das.«[2]

Nicht so zu Hause. Ob Ehemann oder Kinder, die Pralinen oder den Blumenstrauß gibt es höchstens am Muttertag oder aus taktischen Gründen. Nachher fahren die lieben Angehörigen wieder den eigenen Ego-Trip auf ihrem Geleise weiter.

So, wie die Arbeitswelt heute eingerichtet ist, stehen das Leitbild der Familienfrau und das der Berufsfrau in Konkurrenz zueinander. Den Widerspruch zwischen familiären und beruflichen Verpflichtungen erfährt eine Frau mit Kind am deutlichsten im Krisenfall: Schulprobleme, Krankheit des Kindes, Krankheit oder Ferien der Tagesmutter, geschlossene Krippen während der Schulferien, kurzfristiges Ausfallen von Schulstunden etc.

Wer betreut das Kind? In einer solchen Situation erwartet man selbstverständlich von der Frau, daß sie den Beruf der Familie opfert, unabhängig davon, welche Schwierigkeiten ihr dadurch an ihrem Arbeitsplatz entstehen. Die Familienfrau mit Kindern unter 14 Jahren wird für ihre Vorgesetzten zum ›Risikofaktor‹ bei der Arbeitsplanung. Und die Frau selbst? Sie lehnt oft verantwortliche Aufgaben ab, aus Furcht, nicht frei genug zu sein, um familienbedingte Krisen aufzufangen.

Die Vorstellung, man könne Familienpflichten und Karrierewünsche miteinander vereinbaren, richtet sich als Anspruch einseitig nur an Frauen. Dies zeigt sich auch bei Einstellungsgesprächen. In einer Untersuchung wurde festgestellt, daß in Vorstellungsgesprächen Frauen mit Kindern ausführlich darüber ausgefragt werden, welche Betreuungsmöglichkeiten sie für ihre Kinder haben und welche Lösungen sie sich für den Fall, daß ihre Kinder krank würden, vorzulegen hätten.[3] Kann sich jemand ernsthaft einen Mann mit Kindern in einer solchen Situation vorstellen?

Kinder berufstätiger Mütter scheinen bekanntlich die Gewohnheit zu haben, immer zum ›falschen‹ Zeitpunkt krank zu werden. Sie zahnen gerade in der Nacht vor einem wichtigen Termin oder einer Prüfung, sie haben Bauchweh und Durchfall gerade während der kostbaren, weil ruhigen, nächtlichen Arbeitsstunden der Mutter. Und sie haben ausgerechnet Scharlach in der Zeit, wo am Arbeitsplatz niemand ausfallen darf, ohne daß das ganze Team darunter leidet. In einer solchen Situation keine Schuldgefühle zu entwickeln, ist ein Kunststück, das Frauen schlecht beherrschen. Von den Schuldgefühlen gegenüber dem Kind gar nicht zu reden.

Das Kind erbricht ausgerechnet eine halbe Stunde vor Beginn der Redaktionssitzung auf dem Weg zum Kindergarten. Also wieder zurück nach Hause, die Kleider wechseln, Kind trösten, ins Bett bringen, eine Nachbarin organisieren – bei der dritten klappt's –, Kind beruhigen, verabschieden. Das Gewissen beißt: Rabenmutter!

Die Mutter kommt zu spät. Die Sitzung hat schon begonnen, miß-
billigende Blicke. Entschuldigendes Flüstern:»Tut mir leid, mein
Kind hat ...« Das Wort ›Kind‹ löst augenblicklich einen desinteres-
sierten, abwesenden Gesichtsausdruck aus, der den begonnen Satz
im Keim erstickt. Die Redaktionssitzung geht in gewohnter Hektik
weiter. Dieses Thema gehört nicht hierher.

In der Geschäftswelt und in der politischen Arbeit ist das Thema
Kind absolut tabu (in der Werbe- und Konsumwelt oder bei Wahlen
ausgenommen) – auch unter Frauen. Frau mache sich hier nur nichts
vor. Frau lerne zukünftig, am Arbeitsplatz oder bei politischen
Arbeitssitzungen so zu tun, als wäre der Faktor ›Kind‹ kein aber
auch wirklich kein Problem!

Die ›professionelle‹ Arbeitsstruktur ist vorgegeben. Sie ist auf eine
männliche Normal-Biographie eingestellt. Die berufstätige Mutter
muß sich irgendwie am Rand entlang einrichten. Sie nimmt meistens
dem Kind zuliebe eine berufliche Veränderung und oft auch eine
Verringerung der Ansprüche an ihre Arbeit in Kauf. Daneben muß
sie aber trotzdem noch eine unglaubliche Phantasie entwickeln, um
ihr Kind unterzubringen.

Mit politischen Mandaten sieht es ähnlich aus. Deshalb verzichten
viele Frauen freiwillig auf eine politische Karriere, weil dies ihre
Belastung aufs Dreifache steigern würde.

Wo sind die Kinder, wenn Papa Politik macht? Ist doch klar, bei
Mama! Wo sind die Kinder, wenn Mama Politik macht? Nein, falsch
geraten! Der ist sauer, weil seine Frau seiner Meinung nach abends
zuviel weg ist.

Väter als Betreuungspersonen sind leider bis heute eine statistisch
vernachlässigbare Größe. Die meisten Väter sind bloß an Randstunden
und auch dann nur nach eigenen Regeln verfügbar.

In erster Linie sind es Frauen aus der Verwandtschaft, Nachbarschaft
und aus dem eigenen Freundinnenkreis, die die Betreuung der Kinder
übernehmen und die berufstätigen und politisch aktiven Mütter entlasten. Erst wenn diese Alternativen nicht zur Verfügung stehen,
versucht frau, eine fremde Tagesmutter oder einen öffentlichen Betreuungsplatz zu bekommen. Meistens reine Glücksache. Und wenn
sie es doch schafft, wenigstens einen privaten oder auch subventio-

nierten Betreuungsplatz für ihr Kind zu finden, verschlingt das oft einen großen Teil, wenn nicht sogar den ganzen ›Frauenlohn‹.

Einen besonderen Status haben die freiberuflich arbeitenden Mütter. Die Eine-Frau-Firma, diese Form von moderner ›Heimarbeit‹, ist in den letzten Jahren immer mehr im Aufwind, da sie es den Frauen ermöglicht, Beruf und Kinder unter einen Hut zu bringen.

Für freiberufliche Mütter spielt bei der Zeitgestaltung der familiäre Lebensrhythmus eine wichtige Rolle. Zum Beispiel Elisabeth H., die als Journalistin zu Hause arbeitet und gleichzeitig voll für den Haushalt und die Kinderbetreuung zuständig ist. Ihr Arbeitsrhythmus muß sich ununterbrochen dem Kinderalltagsrhythmus anpassen. Ihre Arbeitszeit wird ständig unterbrochen durch das Kommen und Gehen ihrer Familienmitglieder, durch familiäre Bedürfnisse, Schulstundenpläne etc., außer wenn sie nachts arbeitet. Was unter Laien nach Faulenz-Möglichkeit aussieht, bedarf aber unter solchen Umständen einer strikten Selbstdisziplinierung.

Einerseits hat die verheiratete freischaffende Mutter, wie alle Freischaffenden (meistens aus dem Bereich des Journalismus, der Medien, der Grafik und der EDV), das Privileg der freien zeitlichen Arbeitsgestaltung.

Andererseits raubt das gleichzeitige mütterliche und hausfrauliche Engagement ihrer Arbeit in den Augen vieler Außenseiter die Seriosität einer Berufsausübung. Als Journalistin wird sie beispielsweise zur Hobby-Schreiberin degradiert.

Bei männlichen Kollegen, die ebenfalls freischaffend sind, würde niemand im Traum daran denken, ihr Schreiben zu Hause als Hobby zu bezeichnen.

Doch der größte Teil berufstätiger Mütter ist außer Haus beschäftigt. Sind Mütter, die während ihrer Berufstätigkeit ihre Kinder tagsüber meistens stundenweise in die Obhut anderer Betreuungspersonen geben, Rabenmütter? Egoistische, karrieresüchtige, ›unweibliche‹ Frauen, wie böse Zungen behaupten? Vernachlässigen sie ihre Kinder? Behindern oder schädigen sie die gesunde Entwicklung ihrer Kinder?

Diese Fragen scheinen in unserem Jahrhundert Dauerbrenner zu sein. Die Antwort, so wird einem der Eindruck vermittelt, hängt stark von der Lage am Arbeitsmarkt und der jeweils vorherrschenden Ideologie ab.

Seit den 30er Jahren wurde auch wissenschaftlich immer wieder zu beweisen versucht, daß eine Berufstätigkeit der Mutter für das Kind schädlich sei. Erfolglos! Schäden am Kind, die sich wirklich nur auf die Berufstätigkeit der Mütter zurückführen ließen, konnten bei keiner seriösen Untersuchung nachgewiesen werden.

Um die Motive zu verstehen, die damals hinter solchen Untersuchungen steckten, muß man sich die Weltsituation in Erinnerung rufen. Während der letzten beiden Weltkriege nahm die Berufstätigkeit der Frauen enorm zu. In allen europäischen Ländern konnte die Wirtschafts- und Ernährungsproduktion nur dank der Frauen aufrechterhalten werden, da die Männer an der Front waren.

Nach Kriegsende mußten die Frauen in der Industrie ihre Arbeitsplätze für die heimkehrenden Soldaten räumen. So bestimmte die deutsche Demobilmachungsverordnung, daß Betriebe ›nicht erwerbsbedürftige‹ Frauen entlassen sollten. Und zwar »zuerst die verheirateten Frauen mit erwerbstätigen Männern, in der nächsten Runde alleinstehende Frauen und anschließend die Frauen, die ›nur‹ ein bis zwei Personen zu versorgen hätten.«[4]

Gleichzeitig wurde mit Nachdruck der Mythos der Familie und der Mutterliebe wieder aktiviert und gepflegt. Dies führte zur allgemeinen Vorstellung, es sei absolut undenkbar, ja allein der Gedanke daran wirke schon abstoßend, daß ein Kleinkind sich auch außerhalb des engsten Familienkreises glücklich und wohl fühlen könnte.

Mit einzelnen negativen Fallbeispielen von ›institutionalisierten‹ Kindern, beziehungs- und entwicklungsgestörten Heimkindern, wurde den berufstätigen Müttern vorgeführt, wie ihre – wenn auch nur stundenweise – Abwesenheit dem Kind Schaden zufüge.

Der englische Kinderarzt Michael Rutter, der 1982 die Literatur über den ›Entzug der Mutter‹ zusammenfaßte, kritisiert, daß in den meisten Untersuchungen Säuglinge und Kinder, die tagsüber fremdbetreut werden, mit ›institutionalisierten‹ Kindern gleichgesetzt werden. Dies bezwecke nichts anderes, als Mütter zu verunsichern.

Nach Rutter ist der Entzug des menschlichen Kontakts als solcher und nicht der Entzug der Mutter eine der Ursachen, die bei hospitalisierten Kindern emotionale, motorische und geistige Entwicklungs-rückstände bewirken.

Doch eben gerade mit dieser Gleichsetzung von ›institutionalisierten‹ Kindern und Kindern in Tagesbetreuung werden Eltern bis zum heutigen Tag erschreckt. Dabei sollte doch jedem vernünftigen Menschen klar sein, daß Kinder, die in einer Familie (auch Ein-Eltern-familie) leben und zeitweise fremdbetreut werden, vollkommen andere Erfahrungen machen als Heimkinder ohne feste Bezugsperson. In den 70er Jahren schließlich mußte die Wissenschaft zugeben, daß die Schädlichkeit der Berufstätigkeit von Müttern sich nicht nur in Grenzen hält, sondern letztendlich gar nicht nachgewiesen werden kann.

Bowlby, der bekanntlich die volle mütterliche Präsenz als unabding-bare Voraussetzung für die gesunde Entwicklung eines Kindes postulierte, nannte in seinem Bericht für die Weltgesundheitsorganisation *WHO* zwar die ›volle Berufstätigkeit der Mutter‹ als Ursache für das Versagen der natürlichen Familiengruppe, konnte aber seine Thesen auch nicht beweisen. Er gab sogar zu: »Die Untersucher fanden, daß es keine überzeugenden Beweise dafür gibt, daß mütterliche Berufstätigkeit eine Ursache für Vernachlässigung ist.«[5]

Andere Untersuchungen konnten sogar aufzeigen, daß sich Kinder von berufstätigen und nichtberufstätigen Müttern völlig gleich entwickeln. Die Berufstätigkeit von Müttern schadet dem Kind nicht, auch wenn die Mutter unmittelbar nach der Geburt wieder arbeiten geht. Dies ergab auch eine österreichische Studie 1989. »Voraussetzung ist aber eine entsprechende Beaufsichtigung, sie muß qualifiziert, vertraut und freundlich sein, sie muß für das Kind zur Familie gehören.«[6]

Gegenwärtig vertreten viele Wissenschaftler die Position, daß berufliche Erfüllung bei vielen Frauen das Selbstwertgefühl steigert und sich dadurch auch positiv auf die Mutter-Kind-Beziehung auswirkt. Untersuchungen mit neuen Fragestellungen haben sogar ergeben, daß Kinder berufstätiger und sonst tätiger Mütter oft viel ausgeglichener, selbständiger und selbstbewußter sind als Kinder traditioneller Hausmütter. Besonders Töchter scheinen von dem Rollenbild einer kompetenten, selbstbewußten Mutter zu profitieren.

120

Die oben schon erwähnte österreichische Studie kam zu dem Ergebnis, daß Berufstätigkeit von Müttern, wenn überhaupt, eine positive Auswirkung auf die Persönlichkeit des Kindes habe: größere Selbständigkeit, weniger Ängstlichkeit, mehr Verantwortungsgefühl. In diesem Zusammenhang gab es auch noch eine andere interessante Entdeckung. In drei Vergleichsgruppen mit nichtberufstätigen, teilzeit-berufstätigen und vollzeit-berufstätigen Müttern wurde untersucht, wieviel Zeit die Mütter tatsächlich direkt mit dem Kind verbringen.

Es zeigte sich, daß nicht die Vollzeitmutter die meiste Zeit für direktes Spiel oder direkten Kontakt mit ihrem Kind aufwendet, sondern die Teilzeitarbeitende. Diese effektive Interaktions-Zeit, nicht die bloße Anwesenheit, scheint für die Beziehung Kind-Eltern wichtig zu sein. Aus neuester ärztlicher und psychologischer Sicht müßte also eine berufstätige Mutter kein schlechtes Gewissen haben, wenn für gute und vor allem konstante Betreuungsmöglichkeiten gesorgt ist.

Seit den 50er Jahren hat sich die Berufstätigkeit von Müttern verdoppelt. Ihre bevorzugte Arbeitsform ist die Teilzeitarbeit. Seit den 70er Jahren nimmt die Teilzeitarbeit in einem Masse zu, daß Gewerkschaften und Berufsverbände sie als Bedrohung des ›sozialen Friedens‹ empfinden. Denn für die Gewerkschaften widerspricht die Teilzeitarbeit ihrer Zielsetzung der allgemeinen Arbeitszeitverkürzung. Gleichzeitig betrachten Gewerkschaften Teilzeitarbeitende als manipulierbarer als Vollzeitbeschäftigte. Teilzeitarbeit gilt allgemein als Arbeit ›zweiter Klasse‹, die im ›nicht sozialpflichtigen Bereich‹ angesiedelt ist.

Ohne Frauen gäbe es das gewerkschaftliche Problem Teilzeitarbeit nicht. Hausfrauen und Mütter haben keine Lobby, deshalb wurden, seit diese Form von Berufstätigkeit entstanden ist, kaum ernsthaft soziale Absicherungen vorgenommen. Statt dessen wurden eine Unmenge Energie, Reden und eine riesige Papierflut in den letzten 20 Jahren zur Bekämpfung dieses nicht mehr zu verdrängenden Phänomens eingesetzt.

Teilzeitarbeit wurde von Gewerkschaftsseite immer nur als ›Spar- und Manipulierbarkeits-Taktik‹ der Unternehmer angegriffen, nicht aber als ernstzunehmende Arbeitsform akzeptiert, die den Bedürfnissen von Menschen – bisher noch vorwiegend Frauen – entgegenkommt, weil diese Arbeitsform erlaubt, Familienarbeit und Beruf miteinander zu verbinden. Teilzeitarbeit wird oft nur als Notlösung und als traditionelle Rollenzementierung hingestellt. Dabei wird der realen Möglichkeit nicht Rechnung getragen, daß diese Arbeitsform eine Verweigerung vieler Frauen darstellen könnte, sich an die übertechnisierte und lebensfeindliche Arbeitswelt zu verlieren, als eine Art passiver Widerstand gegen die totale Vereinnahmung durch eine durchindustrialisierte, leistungsorientierte Arbeitswelt. Denn sie erlaubt in dieser absoluten Form eine Rückkoppelung zum gelebten Leben, zum ursprünglichen Tempo des Menschen und der Natur, zu den Bedürfnissen von Schwächeren ebensowenig wie die Reflexion über das menschliche Tun.

Politisch engagierte Frauen, die Teilzeitarbeit als neue Arbeitsform öffentlich befürworteten, wurden lange in der linken Bewegung als ›unpolitisch‹ und ›kurzsichtig‹ bezeichnet. Auch hier ist es immer eine Frage des Standorts, von dem aus die Sache betrachtet wird.

Die Zeiten ändern sich. So wächst in jüngster Zeit bei Erwerbstätigen allgemein, nicht nur bei Frauen, das Bedürfnis nach einer breiten Einführung flexibler Arbeitszeiten. Langzeituntersuchungen bei Jugendlichen ergaben, daß 70 Prozent der Frauen und 54,5 Prozent der Männer zukünftig eine Teilzeitstelle innehaben oder wechselweise teilzeitlich und vollzeitlich arbeiten möchten. Freizeitforscher rechnen damit, daß im Jahre 2000 fast jeder vierte Arbeitsplatz ein Teilzeitarbeitsplatz sein wird.

Frauen mit Kindern haben, ohne es zu ahnen, beharrlich auf leisen Sohlen eine neue Arbeitsform eingeführt. Doch eines muß auch ganz realistisch gesehen werden: Dies ist eine Arbeitsform, die sich nur eine Frau aus dem Mittelstand finanziell leisten kann, oder eine Frau, die bereit ist, finanziell große Abstriche zu machen. Denn eine alleinstehende Verkäuferin aus dem Warenhaus verdient bei voller Berufstätigkeit knapp ihren Lebensunterhalt. Teilzeitarbeit heißt gleichzeitig auch weniger Lohn, und das kann sich nicht jede Mutter oder jedes Elternpaar leisten.

Diejenigen Frauen, die wählen können, wollen beides und leben beides: Arbeit und Familie. Sie wollen und leben beides in einem

Maß, in dem sie es auch genießen können. Viele Mütter schaffen es heute, für sich eine befriedigende Verbindung von Beruf und Familie zu finden. Die meisten zahlen bewußt den Preis, beruflich zurückzubuchstabieren. Im Moment scheint es für berufstätige Mütter die Lösung zu sein, die ihrer Vorstellung von einem würdigen Leben am nächsten kommt.

Denn wichtig ist den Müttern, daß die Kinder in ihrer Abwesenheit zufrieden sind und so untergebracht, daß es ihnen gutgeht und – last, but not least – daß die Stimmung in der Familie nicht leidet!

3 (Ohn-)Macht der Mütter?

»Ihr Mütter seid es ja, die die Söhne zu Männern erziehen«, wird oft gekontert, wenn Frauen sich über ihre Ohnmacht in der männlich dominierten Gesellschaft beklagen. Dies gilt besonders bei Themen wie Vergewaltigung, geschlagene Frauen oder Frauen als Sexualobjekt.

Väterlich erklärte unlängst ein Arzt um die Vierzig bei einer TV-Diskussionsrunde seinen Gesprächspartnerinnen:»Ja, ja, es mag sein, daß ihr Frauen im öffentlichen Bereich weniger Macht zu haben scheint, aber das täuscht.« Mit einem charmanten Augenzwinkern fuhr er fort:»Als Ausgleich habt ihr Frauen uns Männer doch privat völlig in der Hand. Wieviel große Männer der Geschichte kamen wegen einer Frau zu Fall oder wurden über ihre Mutter regiert?«

Durch alle Bildungsschichten hindurch läßt sich interessanterweise beobachten, daß nicht die Familie als solche, sondern Sexualität und Mutterschaft als Ort von Frauenmacht bezeichnet werden. Also gerade die Orte, wo männliche Gewalt alltäglich präsent ist. Kein Tag vergeht ohne Zeitungsmeldungen über ›Familiendramen‹, mit Überschriften wie »Vater tötete seine drei Kinder und Ehefrau«. Wir finden täglich Berichte darüber, wie irgendwo ein Mann sich das Recht nahm, seine ganze Familie zu ›exekutieren‹, seine kleine Welt mit Gewalt auszulöschen, weil *er* mit der großen Welt nicht zu Rande kam. Kein Tag vergeht ohne Meldungen über Vergewaltigungen und Inzestdelikte. Und im seltensten Fall sind die Opfer männlich (und noch seltener sind die Täter weiblich).

Eigenartigerweise wird gerade diese männliche Gewalt gegenüber Frauen oft nicht als Machtlosigkeit der Frauen angesehen, sondern die Frauen mit ihrer ›zauberhaften‹, unheimlichen Macht und Anziehungskraft (erinnern Sie sich noch an die Ziegengottheit Asasel?) werden zu Täterinnen gemacht. Sie provozieren diese Handlungen, so die Theorie, durch ihre Kleidung, ihr aufreizendes Aussehen, durch verächtliche Bemerkungen oder Abweisung. Sie provozieren aber scheinbar auch schlicht durch ihr passives Verhalten oder, psychologisch begründet, durch ihr scheinbar ›unbewußtes‹ masochistisches Bedürfnis, ›beherrscht‹ zu werden.

Neben dieser mythischen Macht über die Männer wird der Frau als Mutter gleichzeitig auch eine uneingeschränkte Macht über die Kinder nachgesagt. Sie, die Mutter, habe die Möglichkeit, die Persönlichkeit des Kindes nach ihrem Sinn zu formen. Das ist das Bild der ›allmächtigen, zerstörerischen, anklammernden Mutter‹, wie es die Psychoanalyse erfunden hat.

Mit der Behauptung, das ›Muttern‹ der Frauen sei die Ursache für Männermacht, kann man erleichtert auf den Sündenbock zeigen und sagen: ›Die Macht der Männer ist die Schuld der Frauen‹, und wieder zur Tagesordnung übergehen.

Die Macht der Mütter war in den letzten 30 Jahren dankbarer Stoff für unzählige Druckerzeugnisse, die einen reißenden Absatz haben. Die Bestsellerautorin Alice Miller (*Der gemiedene Schlüssel*) und der Bestsellerautor Volker Pilgrim (*Müttersöhne*) sind nur zwei Beispiele von vielen. Millers und Pilgrims Idee, die Gewalttätigkeit und den Machthunger des Menschen, insbesondere des männlichen Menschen, als eine Folge der Kindheitsverletzungen durch die Mutter psychoanalytisch zu erklären, ist verkaufstaktisch sehr geschickt. Die beiden Autoren trafen damit genau den Zeitgeist der zweiten Hälfte des 20. Jahrhunderts, die Idee des von außen manipulierten ›Ich‹, das als hilfloses Opfer die Verantwortung auf andere abschieben und damit sagen kann: »Nicht ich, sondern meine Mutter ist schuld, wenn bei mir was schief läuft und ich nicht glücklich bin.« Beide Autoren fanden in der Tat ein dankbares Lesepublikum.

Pilgrims ›Gruselkabinett‹ der ›Muttersöhne‹ reicht von Alexander dem Großen über Napoleon zu Hitler und Stalin. Sie haben, so Pilgrim, alle eines gemeinsam: Die enge Mutterbeziehung und blasse, entweder brutale oder seelisch verschwommene, oftmals verschwindende Väter. Und die Mutterbindung, so meint der Autor zu wissen, würde in einem Mann die Machtanfälligkeit und seine Neigung zu Gewalttaten festlegen. Denn die Mutter von Pilgrims ›Muttersöhnen‹ räche am einzelnen Mann, ihrem Sohn, was ihr die Gesamtheit der Männergesellschaft antut.

Mit der Produktion von Muttersöhnen zerstöre sich die Männergesellschaft allmählich selbst. Sie wehre sich zwar gegen Frauen, erliege aber, so schreibt Pilgrim, gleichzeitig den »frauengeprägten Horrorgestalten, die im Deckmantel des Männerkörpers ungehindert Zugang in die Männerwelt finden und ihr Vernichtungswerk vorantreiben. Die Rache der ausgeschlossenen Frauen konnte nicht vollkommener sein.«[1] Beeindruckende Logik, nicht wahr?

Muttermacht gilt neuerdings als Ursache für unzählige menschliche Probleme und Mißstände in unserer Gesellschaft. Nach dieser Vorstellung wird die Macht der Mutter im Bereich der Erziehung, der Versorgung und der Emotionalität als selbstverständliches Merkmal der Mutter hingestellt, aber es wird nicht geprüft, was die Mutter in diesem Bereich tatsächlich tut oder bewirkt. Hier kommt eine ›Alltagsweisheit‹ zum Tragen, welche die Frage, ob die Mutter wirklich Macht besitzt oder nicht, überhaupt nicht zuläßt.

Die Mutter wird als isoliertes psychologisches Problem betrachtet und nicht als Teil der Gesellschaft. Wenn wir aber nachprüfen, was mit jungen Müttern in den ersten Jahren, welche die traditionelle Psychologie als die wichtigste Phase im Leben eines Menschen bezeichnet, geschieht, sieht die Machtfrage schon sehr anders aus.

Die junge Mutter erlebt oft einen richtiggehenden Kulturschock. Nach jahrelanger herausfordernder Berufstätigkeit sitzt sie nach der Geburt plötzlich da, allein mit ihrem Säugling und hat vor allem glücklich zu sein. Nicht gerechnet hat sie mit der Totalität der Isolation. Nicht gerechnet hat sie mit der Erschöpfung durch das einseitige ›Rundum-die-Uhr-ständig-zur-Verfügung-stehen‹ für andere Bedürfnisse. Nicht gerechnet hat sie mit der Alleinverantwortung für das Kind und den Haushalt. Der meist Vollzeit arbeitende Vater entpuppt sich dann noch zusätzlich oft als Konsument, der für das Geld, das er nach Hause bringt, auch gewisse Dienstleistungen erwartet.

Je mehr ihr Selbstverdientes dem Ende zugeht, um so mehr ahnt die junge Mutter, daß sie zukünftig auch finanziell von ihrem Mann abhängig sein wird. Zusätzlich muß sie sich mit der Tatsache abfinden, daß ihre Umwelt ein einwandfreies Funktionieren der Mutter erwartet und gleichzeitig ihren neuen Status als ›Hausfrau‹ geringschätzig behandelt.

Schließlich wird die Mutter immer im Glauben gelassen, das Verhalten des Kindes sei ein Abbild ihres eigenen Verhaltens und ihrer individuellen Erziehungsmethode. Wie staunt sie dann über dieses eigenwillige Geschöpf, das sich trotz aller liebevollen Fürsorge in bestimmten Situationen als unausstehlicher Tyrann entpuppt, mit dem überhaupt nicht vernünftig zu verhandeln ist, und die Mutter kann sich dabei abmühen, wie sehr sie auch will. Immer wieder gibt es Situationen, wo sie deshalb dem Kind gegenüber Wut und Enttäuschung verspürt. Daraus kann auch ein Teufelskreis entstehen. Sie hat ein schlechtes Gewissen, weil sie nicht die ›perfekte‹ Mutter sein kann, die sie ihrem Kind doch gönnen möchte, und das Kind fordert sie noch mehr heraus, je mehr es merkt, wie unsicher die Mutter wird. Viele Kinder reagieren schnell auf erste Zeichen einer Überforderung der Mutter: Mit provokativem Verhalten, extremem Trotz, Wutanfällen, Schlafstörungen und Bettnässen wird die kindliche Hilflosigkeit signalisiert. Andererseits kann aber auch die Mutter durch die Ansprüche des eigenwilligen Kindes in einen Zustand von Erschöpfung getrieben werden. Beide Seiten geraten in ein Wechselbad von Gefühlen aus Haß, Abhängigkeit und Hilflosigkeit.

Ist hier keine andere Bezugsperson vorhanden, die korrigierend eingreift und die überforderte Mutter entlasten kann, dann wird das Kind wirklich ein Opfer der mütterlichen Hilflosigkeit und Gewalt. Mitarbeiter eines Eltern-Notrufs machen die Erfahrung, daß vor allem Eltern von Kleinkindern bei ihnen Hilfe suchen. Zu 80 Prozent sind es Mütter, die Rat suchen, sei es, weil sie selber ihr Kind mißhandeln oder weil ihr Mann es tut.

Ist diese hilflose Gewalt die Macht der Mütter über ihre Kinder? Oder versteht man unter Macht die Allmacht der Mütter, wie sie die Kinder oft erleben?

Aus der Sicht des Kindes scheint die Mutter wirklich magische Kräfte zu haben. Sie scheint machtvoll. Sie kann Abhilfe schaffen gegen Unlustgefühle. Sie erscheint dem Kleinkind als Quelle der Lust und des Wohlbefindens. Sie scheint nach Belieben oder Willkür fähig zu sein, aus ihren scheinbar unerschöpflichen Ressourcen zu geben oder zu verweigern.

Die Mutter ist die Starke, zu der man in bedrohlichen Situationen fliehen kann, bei der man sich schwach fühlen kann, ohne sich zu schämen. Denn ihr muß man nichts vormachen.

Die ›magische‹ Mutter bringt es fertig, mit einem zärtlichen Lied oder dreimaligen Pusten den Schmerz eines Sturzes zum Verschwinden zu bringen, sie kann Kaputtgegangenes wieder ganz machen. Sie scheint in den Augen eines Kind allwissend. Sie weiß, wer das Geld aus der Haushaltsbörse geklaut hat, wer im Nebenraum wieder heimlich ferngesehen oder wer an Mutters Schokolade genascht hat. Sie kann auf eine magische Art frierende Hände, Regen und gestohlene Fahrräder voraussagen.

Doch die Entzauberung der Mutter schreitet in dem Maß voran, wie das Kind selbständig und älter wird. Daß dies unter Umständen ein schmerzhafter Prozeß ist, läßt sich gut nachvollziehen.

Und auch wenn der junge Mensch schon längst selbständig ist, bleibt die Wut auf die Mutter, die nicht da war, um in Krisensituationen zu helfen. Dies wird ihr als Verweigerung und somit als Machtmißbrauch ausgelegt. Der Frage aber, ob sie die Hilfe überhaupt hätte leisten können, wird nicht ernsthaft nachgegangen.

Doch auch wenn das erwachsene Kind selbst seine Unzufriedenheit mit seiner jeweiligen Lebenssituation nicht auf die Mutter schiebt, wird ihm in vielen heute üblichen Therapiebehandlungen mehr oder weniger offen suggeriert, die Ursache seines Problems sei in einem belasteten Verhältnis zur Mutter zu suchen.

»Wie war Ihr Verhältnis zu Ihrer Mutter?« fragt verständnisvoll aufmunternd der Therapeut seine neue Patientin. Sie habe nie größere Probleme mit ihrer Mutter gehabt, antwortet die Patientin; im Gegenteil, ihr Verhältnis sei sehr freundschaftlich. Da lächelt der Therapeut nachsichtig, denn er weiß es besser. Er hat in seiner Ausbildung gelernt, daß in den üblichen Therapie-Modellen Probleme so angegangen werden, daß man die Beziehung der Patienten als (Klein-)Kind zu ihrer übermächtigen Mutter aufrollt, weil man die Mutter als wichtigsten prägenden Faktor ansieht. Nach dem Motto: Am Anfang war die Mutter, also ist sie die Ursache des Problems.

Folgendes ist aber doch immer wieder erstaunlich. Schaut man sich die psychoanalytischen Konzepte näher an, scheinen alle eines gemeinsam zu haben, nämlich die Exklusivität der Mutter-Kind-Beziehung als Bedingung einer ›richtigen‹ frühkindlichen Sozialisation. Diese symbiotische, untrennbare Einheit von Mutter und Kind wird als eine Art Naturgesetz dargestellt, etwas, das unter allen Umständen abzulaufen hat. Daß andere Kulturen und unsere Urahnen ihre Kinder ganz anders aufzogen und aufziehen, findet keinerlei Berücksichtigung oder höchstens Verachtung. Seelisches Kranksein wird heute als fehlgelaufener Prozeß des individuellen Lebenslaufs begriffen und scheint nur durch eine Therapie korrigierbar zu sein.

Obwohl inzwischen seit mindestens 30 Jahren bekannt ist, daß mehrere Faktoren gleichzeitig vorhanden sein müssen, um schädlich auf das Kind einzuwirken, wird man nicht müde, die Mutter immer wieder von neuem als *die* Ursache psychischer und psychosomatischer Krankheiten hinzustellen. Die magersüchtige Frau der populärwissenschaftlichen Literatur ist die neueste Entdeckung in der Reihe der muttergeschädigten Opfer, neuerdings wird sogar die Unfruchtbarkeit den Müttern der betroffenen Frauen angelastet.

Gleichzeitig wird *nie* mit derselben Vehemenz betont, daß die Väter nur aufgrund ihrer Abwesenheit für die Kinder etwas besonderes sind. Ältere Kinder merken aber bald, daß die Väter das Geld heimbringen und von daher einen besonderen gesellschaftlichen Status haben. Nicht zuletzt an ›Kleinigkeiten‹, wie amtlichen Anschriften, Namen am Briefkasten und Eintrag im Telefonbuch, sehen sie, daß er der ›wichtigere‹ der beiden Elternteile sein muß, weil meistens nur er namentlich existiert.

Wie sieht die Macht der Mütter aus, wenn die Kinder größer, selbständiger werden und die Mutter nur noch als Hotel-Mama-Service-Station ansehen und nicht mehr als wichtige Beziehungspartnerin?

Dieselben Leute, die der Mutter vor Jahren anrieten, ihre eigenen Bedürfnisse dem Kind zuliebe zurückzustellen, werfen ihr nun vor, sie könne nicht loslassen. Und wenn sie sich beklagt, bekommt sie zu hören: »Du bist selber schuld, weshalb läßt du dir denn alles gefallen?«

Von älteren Kindern und Jugendlichen scheint die Mutter kaum mehr als Mächtige eingeschätzt zu werden. Im Gegenteil: »Die allgemeine Geringschätzung der Mütter, die von älteren Kindern und Jugendlichen in aller Offenheit, besonders in der Pubertät, geäußert wird, zeigt in einer Art ›Brennglas‹, wie der Status der Mutter in dieser Gesellschaft wirklich ist.«[2]

Das Verhalten der Jugendlichen scheint weniger aus Wut auf eine ehemals übermächtige und immer noch mächtige Mutter zu bestehen als in einer offen zur Schau getragenen, herablassenden Behandlung einer Dienerin.

Wäre es nicht auch einmal interessant, der Frage nachzugehen, ob und wie die Mutter eigentlich in der Lage ist, die Macht auszuüben, welche man ihr dauernd unterschiebt? Hat die Mutter wirklich die alleinige Einflußmöglichkeit und Fähigkeit, die man ihr nachsagt? Hat sie überhaupt die Mittel und das Wissen, aufgrund derer sie ermessen kann, was gut sein soll für ihr Kind? Und wenn ja, wird ihr in diesem Fall auch die uneingeschränkte Entscheidungsbefugnis zugestanden? Dürfte sie sich zum Beispiel weigern, ihr Kind in eine Schule oder zu einer Lehrkraft zu schicken, die sie für ihr Kind als ungeeignet empfindet? Hat sie, die während der ersten 20-25 Jahre ihrer Erziehung und beruflichen Ausbildung gelernt hat, den Erziehungsautoritäten zu gehorchen, hat sie, als junge Mutter, das nötige Selbstbewußtsein entwickelt, um gegenüber der Autorität Schule und deren RepräsentantInnen als Gleichwertige aufzutreten? Dürfte sie, dem Freiraum-Bedürfnis des Kindes folgend, zu seinem Schutz ein Fahrverbot in ihrer Wohnstraße einführen? Und so weiter. Solche Fragen ließen sich beliebig weiter auflisten.

Die Anworten kennen wir.

Nicht die Tatsache, daß die Mutter ihre Nachbarn oder ihren Ehemann vor Störung durch die Kinder schützt, wird ihr später von Psychologen zum Vorwurf gemacht, sondern ihre eigentliche Handlung, die strenge Unterdrückung kindlicher Bedürfnisse.

Man wirft ihr vor, daß sie ihre Kinder in ihrer Entfaltungsmöglichkeit eingeschränkt, das heißt für ihre Kinder keine Freiräume geschaffen habe. Dieser Vorwurf wird völlig losgelöst von der Frage, wie die Mutter den sich widersprechenden Forderungen gleichzeitig hätte nachkommen sollen – einerseits der Befriedigung des Ruhebedürfnisses ihres Mannes oder der Mitbewohner und andererseits des Bewegungsdrangs und Spieltriebs ihrer Kinder. Etwa mit einer Zweitwohnung?

Es kann als ›zynisch‹ bezeichnet werden, die Mutter mächtig zu nennen, weil das Kind unter den Maßnahmen, die die Mutter unter Druck ausführt, leidet.[3]

Angenommen, die Mutter hätte wirklich alle nötigen Ressourcen zur Verfügung, so wird bei der Schuldzuweisung an die Mutter die Eigendynamik des Kindes meistens ignoriert. Jede Person, die mehr als einen Tag und eine Nacht für ein Kleinkind verantwortlich war, weiß, wie stark die Eigendynamik eines Kindes von Geburt an wirkt. Gerade Eltern von mehreren Kindern können ein Lied davon singen. Das eine Kind ist von Anfang an ›schwierig‹, das andere ›pflegeleicht‹. Alle Erklärungsversuche, dieses Phänomen an Geschlecht, Reihenfolge und Verhalten der Bezugsperson festzumachen, schlagen fehl, denn sie werden vom Alltag eingeholt, der immer wieder Gegenbeweise erbringt und die Theorie auf den Kopf stellt. Ähnlich wie bei einem Tageshoroskop stimmt immer etwas davon! Was dabei Zufall und was Wissen ist, darüber werden sich Experten bis zum Ende der Menschheit streiten.

Die Macht der Mutter scheint heute mehr einem Phantasiebild einer mit magischen Kräften ausgestatteten Mutterfigur zu entsprechen als der normalen Frau unserer Gesellschaft. Wie käme es sonst, daß die Mutter als mächtig bezeichnet wird, obwohl inzwischen jeder und jede weiß, wie gesellschaftliche Sachzwänge das menschliche und damit auch das mütterliche Verhalten bestimmen; obwohl alle, die es wissen wollen, die vielfältigsten Einflüsse erkennen, die ohne mütterliches Dazutun auf das Kind einwirken; obwohl alle, die es wissen wollen, sehen, daß die kindliche Eigendynamik, die Veranlagung, die Verletzlichkeit des Kindes wichtige Faktoren in seiner Entwicklung und seiner Lebensbewältigungs-Strategie darstellen?

Macht haben heißt eigene Vorstellungen und Bedürfnisse, notfalls gegen den Widerstand anderer, durchsetzen zu können.

Dem Mann gelingt es in unserer Gesellschaft ohne Schwierigkeit, seine Machtansprüche durchzusetzen und sie glaubhaft zu begründen. Für Kriegsführung und militärische Macht werden vom Volk und von den Parlamenten Rüstungskredite bewilligt und zugestanden. Dadurch schaffen sich diese Männer ein Vernichtungspotential, das die ganze

Menschheit auslöschen kann, und zwar völlig legitim, ohne sich auch nur in die Nähe des Verdachts eines ›Massenmordes‹ zu bringen.[4]
Frauen hingegen schaffen es nicht einmal, die Kontrolle darüber, ob sie ein Kind gebären wollen oder nicht, durchzusetzen. Gerade in der Frage der Schwangerschaftsunterbrechung löst der Wunsch und die oft genug klar formulierte Forderung der Frauen nach Selbstbestimmung über ihr Gebärvermögen sofort kollektive Phantasien über Massenmord durch hemmungslose Abtreibung aus.
Wo ist hier die vielgepriesene Macht der Frau?
Obwohl die Frau letztendlich verantwortlich gemacht wird für den finanziellen Unterhalt und die Erziehung ihres Kindes, darf sie nicht selber entscheiden, ob sie es haben will oder nicht.
Wer handelt hemmungsloser und ›mörderischer‹? Derjenige, der bewußt in Kauf nimmt, daß junge Soldaten sich für die Durchsetzung militärischer und ideologischer Machtansprüche durch Bomben zerfetzen lassen müssen, nachdem sie jahrelang liebevoll von ihren Müttern als individuelle Persönlichkeiten aufgezogen wurden? Oder diejenige, die ihr ungeborenes Kind wohlüberlegt gar nicht erst ins Leben kommen läßt?
Wenn mir als Mutter gesagt wird, daß ich mächtig sei und mein Kind im Leben scheitert oder unglücklich ist, fühle ich mich als Mutter eindeutig schuldig, weil ich meine Macht (an die ich ja auch gern glauben möchte) scheinbar nicht richtig benutzt habe, um dies zu verhindern. Wenn ich mich aber frage, wo und wie ich diese Macht im Konkreten hätte ausüben sollen oder können, kann mir niemand eine glaubwürdige Antwort geben. Auch die Psychologie nicht!
Gibt es sie wohl gar nicht, die Macht der Mütter?
Aus Kindersicht existiert die mütterliche Macht unbestritten. Das Kleinkind gibt auch mir als Mutter ein Gefühl der Macht, ich bin ihm schließlich körperlich und geistig überlegen. Je älter das Kind und je eigenständiger und unabhängiger es wird, um so mehr schwinden aber auch meine mütterlichen Machtgefühle. Denn das Kind erkennt mit der Zeit auch meine Schwachpunkte und kann mich emotional erpressen.
In einer Kleinfamilie, wie wir sie heute kennen, einer Familienform, wo keine andere Bezugsperson tagsüber korrigierend und entlastend

eingreift, muß die Mutter in einem Kind ein Wechselbad an Gefühlen auslösen. Es ist in dieser Konstellation nicht zu verhindern, daß das Kind oft zwischen Ohnmacht- und Abhängigkeitsgefühlen hin und her schwankt, dieser Person gegenüber, mit der es sich fortwährend arrangieren muß.

Denn jedes Kleinkind begreift schnell, daß seine psychische und physische Existenz bedroht ist, wenn es diese einzige Person erzürnt oder verliert. »Eine solche Abhängigkeit muß in der Tat vom Kind als Macht der Mutter interpretiert werden, da es die gesellschaftlichen Verursachungsfaktoren nicht kennt.«[5]

Wenn aber erwachsene Menschen immer noch diese Sicht haben, ist das problematisch.

Wiederholt wird stolz auf den Unterschied zwischen Mensch und Tier hingewiesen, wenn es darum geht, geistiges Neuland zu betreten oder die Flexibilität des modernen Leistungsmenschen zu begründen. Dank seiner Denkfähigkeit soll der moderne Mensch in der Lage sein, sein Geschick selbst zu bestimmen, zu steuern und immer wieder umzulernen. Und nun soll dieses hochgepriesene ›Selbstentwickler-Individuum‹, falls es seine Lebenssituation nicht bewältigt, plötzlich einfach ein schlecht geprägtes Opfer seiner Mutter sein?

Obwohl seit den 70er Jahren an vielen therapeutischen Konzepten vermehrt Kritik geübt wurde, hält man bis zum heutigen Tag am Prinzip des Sündenbocks ›Mutter‹ fest. Die Betonung der Mutter als krankmachende Ursache bei ihren Kindern ist jedoch zu oberflächlich und klingt verräterisch nach einer Entlastungsstrategie. Will man hier ablenken von der Tatsache der sich immer mehr verändernden Familienformen und versagenden Gesellschaftsstrukturen? Will man ablenken von einer Gesellschaft, die gern vergißt, daß die Menschen nur einen kleinen Teil eines vorgegebenen Ganzen darstellen.

Braucht man die Mutter als Sündenbock für das allgemeine Versagen der Gesellschaft, Veränderungen aufzufangen? Veränderungen, die nicht nur im Bereich der Arbeitswelt liegen, sondern auch kulturelle Bereiche und ureigene Bedürfnisse der Menschen betreffen?

Braucht man die Mutter als Sündenbock für Unerklärliches in der sich immer schneller verselbständigenden, teils außer Kontrolle geratenen Leben-auf-Pump-und-Zeit-Industriegesellschaft?

4 Die Überschätzung des mütterlichen Einflusses

Eine der wichtigsten Ursachen von Schuldgefühlen bei Müttern ist die weit verbreitete Vorstellung, das Kind werde von Geburt an ausschließlich durch die Umwelt geprägt; das Kind sei ein unbeschriebenes Blatt, hilflos den Eltern ausgeliefert und von diesen vollkommen manipulierbar. Das Kind werde nach den Vorstellungen und Wünschen der Erziehungspersonen, der Eltern, der Mütter geformt.

Nach dieser Auffassung kann das Kind durch jeden Erziehungsfehler ruiniert werden; dies belastet gerade verantwortungsbewußte Mütter mit massiven Ängsten. Die Fachwelt unterstützt und fördert diese Ängste, indem sie vom ›pathogenen Faktor‹ Mutter spricht, und dabei suggeriert, die Mutter sei beispielsweise bei Asthma oder Autismus die eindeutige Ursache des Übels.

Wird der Einfluß der Mutter nicht etwas überbewertet, und zwar von den Fachleuten wie auch von den Müttern selber?

Wäre der Einfluß der Mutter so stark, wie gern behauptet wird, müßte er sich doch inzwischen in der Praxis handfest nachweisen lassen.

Schließlich haben sich Mütter noch nie in den letzten 5000 Jahren der Menschheit so intensiv der Kinderbetreuung gewidmet wie in diesem Jahrhundert. Ist der wohlbehütete, intensiv erzogene junge Mensch von heute lebensfähiger, glücklicher und ausgeglichener als Kinder früherer Zeiten, die dieses Privileg nicht hatten?

Immerhin haben sich in den letzten 50 Jahren doch Millionen von Müttern in den Industrieländern gewissenhaft an die Erziehungsvorschriften der Wissenschaftler gehalten und die Erziehung zum alleinigen Lebensinhalt gemacht. Da müßte doch genügend statistisches Material vorhanden sein, um zu beweisen, daß richtige Erziehung absolut sicher zu glücklichen und harmonischen Kindern führt.

Hat man nun aber einen rundum ›glücklichen‹ Menschen gefunden, der scheinbar ideal erzogen wurde, hat das Ganze doch noch einen kleinen Haken. Wie oft hat das ›perfekte‹ Kind ein Geschwister, das, bei derselben Mutter, alles andere als perfekt geworden ist!

Oder noch schlimmer: Eine Mutter, die den landesüblichen Vorstellungen von einer mütterlichen Frau überhaupt nicht entspricht, die vielleicht sogar nicht einmal ›anständig‹ und ›ordentlich‹ ist, hat ein Kind, das sich zu einem ausgeglichenen, allseits beliebten Erwachsenen entwickelt mit vielen Freunden und Freundinnen, mit Erfolg und Freude am Leben.

Inzwischen wissen wir es eigentlich alle aus eigener Erfahrung, daß eine auch noch so perfekte Mutter nicht für ein glückliches und erfolgreiches Leben ihres Kindes garantieren kann.

Trotzdem werden gewisse Fachleute nicht müde, das mütterliche Fehlverhalten für fast alle Übel verantwortlich zu machen, die dem Menschen in seinem Leben zustoßen.

Viele der Theorien, die dies dennoch behaupten, entstanden in der ersten Hälfte unseres Jahrhunderts und basieren auf einer Mischung von Beobachtungen und Spekulationen, die aus Untersuchungen von Einzelfällen, von Heimkindern, Kriminellen und Waisen, von Krankengeschichten und der Verhaltensforschung bei Tieren stammen.

Die Lebensgeschichten von Kriminellen wurden bis in ihre Kindheit zurückverfolgt. Und oft fanden die Forscher zerrüttete Familien, Lieblosigkeit, Gewalt und Entbehrung. Ein Kind, das so aufgewachsen war, schien nach Sicht der Experten fürs ganze Leben gezeichnet. Selbstverständlich wurde der Mutter an der Entwicklung die Schuld gegeben. Seit den 60er Jahren gingen Entwicklungsforscher auch daran, ›gesunde‹ Menschen der Gesamtbevölkerung in breitem Rahmen zu untersuchen. Durch Langzeitstudien ermittelten sie überraschende Fakten im Zusammenhang mit der Frage: »Ist die frühe Kindheit die bestimmende Periode für die Persönlichkeitsentwicklung des Menschen?«

Entgegen der vorherrschenden Erwartung erschien in zahlreichen Untersuchungen *kein* Zusammenhang zwischen den Bedingungen der ersten Lebensjahre und der späteren Entwicklung von Intelligenz, Sprache, sozialer Kompetenz oder Beziehungsfähigkeit.

Entwicklungsstörungen oder -verzögerungen durch eine reizarme

Umwelt in den ersten Jahren werden von gesunden Kindern überwunden.

Äußerst selten sind drastische Beispiele wie die folgenden:

Isabella, ein uneheliches Kind einer Taubstummen, wurde aus Scham von der Familie zusammen mit der Mutter jahrelang in einem dunklen Zimmer gefangengehalten. Im Alter von sechs Jahren wurde sie zusammen mit ihrer Mutter aus ihrer mißlichen Lage befreit. Dabei stellte man fest, daß das Kind an schwerer Rachitis litt und unfähig war zu sprechen. Es wurde zwei Jahre lang speziell gepflegt und gefördert und holte seinen Entwicklungsrückstand auf. »Mit 8 Jahren war die gemessene Intelligenz und Sprache normal, und Isabella besuchte als unauffälliges Kind die öffentliche Schule.«[1]

Ähnlich war der Fall eines tschechischen Mädchens, das von seiner geisteskranken Mutter auf Stroh in einem kahlen Zimmer isoliert worden war. Als es mit vier Jahren aus seiner Situation befreit wurde, konnte es ebenfalls nicht sprechen und schien schwer schwachsinnig. Acht Jahre später besuchte es die Normalschule und galt als musikalisch hochbegabt.[2]

Solche Extremfälle zeigen, daß Kinder durchaus eine eigene Widerstandskraft haben und die Theorie der ›prägenden Phasen‹ (eine Entwicklung, die in dieser Phase verpaßt wurde, kann nie mehr aufgeholt werden) nicht stimmen kann. Nach den Hypothesen der ›bleibenden Prägung‹ in der Frühkindheit müßten diese Kinder schwachsinnig und/oder lebenslang schwer verhaltensgestört bleiben, weil ihre früheste Kindheit durch schwere Entbehrungen gekennzeichnet war.

Wenn die Theorie schon in diesen Extremfällen nicht zutrifft, weshalb lassen wir Mütter uns dann durch sie so verunsichern? Zumal wir doch unsere Kinder ›wie unseren Augapfel hüten‹ und ihnen eine Betreuung und Zuwendung zukommen lassen, wie sie Kinder der vorhergehenden Jahrhunderte noch nie erlebten!

Und spätestens seit den 70er Jahren weiß die Fachwelt, daß frühkindliche Entwicklungsstörungen und belastende Erlebnisse bei einem geistig oder körperlich nicht behinderten Kind später durch positive Erfahrungen wieder ausgeglichen und korrigiert werden können. Aber dieses Wissen wurde noch kaum unter die Mütter gebracht. Einige Fachleute, in erster Linie Frauen, sind aber in letzter Zeit mit diesen Erkenntnissen an die Öffentlichkeit getreten.

»In mancher Hinsicht gleichen Kinder jungen Vögeln, denen man die Flügel zusammengebunden hat«, erklärt die Entwicklungspsychologin Cécile Ernst: »Sobald man die Flügel freimacht, kann der Vogel nach einigen Versuchen fliegen, auch wenn er es vorher nie geübt hat.«

Oder wie es Sandra Scarr, Professorin für Entwicklungspsychologie an der ›University of Virginia‹, formuliert: »Das heutige Kind ist kein Porzellanpüppchen, das bei dem ersten Ansturm seiner Umwelt zerbricht. Vielmehr ist unser Kind eine ziemlich zähe Plastikpuppe. Sie ist bruchsicher, ihre Dellen beulen sich wieder aus, aber sie kann durch spätere Schläge erneut verbeult werden.«[3]

Diese Aussage bestätigt auch eine Langzeitstudie der ›University of California‹. 200 Kinder wurden dort vom Säuglingsalter bis in die Jugend hinein regelmäßig beobachtet und untersucht. Die Psychologen und Psychologinnen hatten ursprünglich die Prognose aufgestellt, daß Kinder aus gestörten Familien als Erwachsene Störungen haben würden. Und umgekehrt sagten sie voraus, daß Kinder mit einer glücklichen Kindheit sich zu ausgeglichenen und zufriedenen Erwachsenen entwickeln würden.

Als die Forscher und Forscherinnen mit den inzwischen Dreißigjährigen wieder Kontakt aufnahmen, stellten sie erstaunt fest, daß sie sich in zwei Drittel der Voraussagen geirrt hatten. Die Experten hatten nicht nur die traumatische Wirkung einer belastenden Familiensituation überschätzt, sie hatten auch nicht erwartet, »daß viele der Kinder, die unter den besten Bedingungen aufgewachsen waren, sich als Erwachsene unglücklich und überfordert fühlen und sich als unreife Persönlichkeiten erweisen würden.«[4]

Die Einsicht, daß die Mehrheit der Kinder von Risikogruppen sich zu gesunden Erwachsenen entwickeln, hat dann auch dazu geführt, daß man die Hypothesen der Väter der Psychoanalyse und der Entwicklungspsychologie kritisch unter die Lupe nahm und daran ging, herauszufinden, weshalb gewisse Kinder Risiko-Situationen besser überstehen als andere.

Man suchte ›Schutzfaktoren‹. Langzeituntersuchungen ergaben, daß auch Kinder, die in chronischer Armut, mit Gewalt, Alkoholismus der Eltern usw. aufwuchsen, sich unter bestimmten Bedingungen zu gesunden Erwachsenen entwickelten. Der Großteil der Mütter war berufstätig.

Insgesamt fallen bei Langzeitstudien drei ›Schutzfaktoren‹ besonders auf: Erstens die Anwesenheit weiterer Personen im Haushalt oder ein Ausweichort, wohin sich das Kind in schwierigen familiären Situationen zeitweise zurückziehen konnte.

Zweitens zeigen diese Kinder in der Kindheit und Jugend eine ausgeprägte Tendenz zu nicht-rollenkonformem Geschlechtsverhalten, zu einer Art ›gesunder‹ Androgynität, die ihnen erlaubte, je nach Situation die weiblichen oder männlichen Rollennormen flexibel zu benutzen.

Drittens hatten diese Kinder überdurchschnittliche sprachliche und kommunikative Fähigkeiten und waren in der Lage, ihre Fähigkeiten optimal einzusetzen.

Untersuchungen zeigten aber auch, daß ein Kind mit einem oder zwei Risikofaktoren durchaus noch gut zurechtkommt. Als Risikofaktoren werden zum Beispiel Armut, Arbeitslosigkeit des Vaters, Sucht, psychische Krankheit der Eltern, enge Wohnverhältnisse, Ehekrisen, Mißhandlung, Inzest oder Vernachlässigung bezeichnet. Erfahrungsgemäß lassen sich erst bei einer Häufung von Risikofaktoren mit großer Wahrscheinlichkeit Entwicklungs- und Verhaltensstörungen bei einem Kind voraussagen.

Ein großer Trost für Mütter, die arbeiten müssen oder wollen und deshalb ein schlechtes Gewissen haben, bleibt folgende Tatsache: Die Berufstätigkeit der Mutter oder die Trennung von der Mutter konnte bisher in keiner Untersuchung als schädigender Faktor bestätigt werden. Sie stellt nicht einmal einen Risikofaktor dar. Die Qualität der Betreuung ist wichtig, nicht die Zahl der betreuenden Personen!

Es zeigte sich auch, und das ist für viele Mütter besonders wichtig zu wissen, daß *alle* Kinder, auch Kinder in ganz unproblematischer Umgebung, irgendwann Probleme oder Entwicklungsstörungen haben. Ein Kind kann sich auf einem Gebiet altersgemäß verhalten und auf einem anderen Gebiet ein kleinkindliches Verhalten zeigen.

Wer kennt nicht einen Fall wie das altkluge Kind, das mit sechs Jahren schreiben und lesen kann, aber sich nicht traut, ohne die Mutter zu fremden Kindern spielen oder auswärts schlafen zu gehen? Oder das Kind, das sonst so verständig ist und bei der harmlosen Frage, ob es bitte am Eßtisch etwas zur Seite rücken könne, wie ein Zweijähriges zu toben beginnt, Türen schlägt und sich weigert, nun überhaupt noch was zu essen.

Das für Mütter manchmal sehr unverständliche Kleinkind-Getue ihres Lieblings benutzt das Kind, um in richtigen und manchmal auch falschen Momenten, zu signalisieren: »Stopp, überfordert mich nicht, ich bin noch nicht so lebenstüchtig, wie ihr meint, ich brauche noch etwas Zeit, ich muß noch etwas geschont werden.«

Viele der sogenannten Entwicklungsstörungen gehören zur normalen kindlichen Entwicklung. Sie sind Ausdruck des Werdens und Veränderns, des Suchens zwischen Verletzlichkeit und Widerstandskraft.

Intensive Studien über die Frage der frühkindlichen Prägung durch die Umwelt, das heißt über den Einfluß der Mutter auf ihr Kind, betrieb die Psychologin und Ärztin Cécile Ernst. Ihre These »Es gibt keine frühkindliche Prägung« löste Ende der 80er Jahre in Fachkreisen heftige Kontroversen über die kritische Bedeutung der frühen Kindheit aus.

Ich besuchte Dr. Cécile Ernst an ihrem Arbeitsort, in der psychiatrischen Universitätsklinik Zürich: »Wird der Mensch nun in den ersten Lebensjahren für sein ganzes Leben geprägt?«, wollte ich von ihr wissen.

C. Ernst: Nein. Eine eigentliche ›Prägung‹, das heißt, ein irreversibles, nicht nachholbares Lernen in einem begrenzten Zeitraum, gibt es wahrscheinlich nur im Bereich der Muttersprache.

YCS: Die Literatur ist aber voll von der ›bösen Mutter‹, die entweder durch Überfürsorge, durch Manipulation oder Vernachlässigung dem Kind Schaden antut. Sigmund Freud, Bowlby, Winnicott und Spitz betonen die Frühkindheit als besonders sensible Lebensphase. Spitz zum Beispiel behauptet, es gäbe Langzeitschäden, wenn sich eine Mutter nicht richtig auf das Kleinkind einstimmen könne und nicht auf seine ›wahren‹ Bedürfnisse eingehe.

C. Ernst: Wahrscheinlich sind die Dauerbedingungen, unter denen ein Kind oder ein Jugendlicher zwischen zwei und 20 Jahren lebt, viel wichtiger als die Bedingungen der Frühkindheit.

YCS: Weshalb wird den meisten Studierenden der pädagogischen, psychologischen und therapeutischen Berufe in ihrer Ausbildung immer noch beigebracht, daß die ersten Lebensjahre die wichtigsten für die Persönlichkeitsbildung seien? Die Deprivationstheorie von Bowlby (das Kind nimmt Schaden, wenn es nicht von der Mutter allein gepflegt oder gar von seiner Mutter getrennt wird) und die Theorie der ›pathogenen Mutter‹ von Spitz (unbewußte negative Einstellungen der Mutter können das Kind für das ganze Leben schädigen) beeinflussen noch heute die Tätigkeit dieser Experten.

C. Ernst: Die heutige Forschung widerlegt diese Hypothesen. Spitz und Bowlby haben vor allem mit einzelnen Krankengeschichten gearbeitet. Untersuchungen größerer Gruppen von Kindern und Erwachsenen der Gesamtbevölkerung bestätigen die entscheidende Bedeutung der Frühkindheit *nicht.* Die Adoptionsforschung zum Beispiel widerlegt diese Theorie: Die Langzeitbedingungen in der Adoptivfamilie sind viel wichtiger als ein früher Heimaufenthalt.

YCS: Trotzdem hat gerade die Theorie der Langzeitschäden durch die Trennung von der Mutter weiterhin viele Anhänger und belastet besonders berufstätige Mütter. Wie erklären Sie sich diese Tatsache?

C. Ernst: Erstens aus der kulturellen Entwicklung der letzten Jahrhunderte: vom personenreichen zum personenarmen Haushalt; von der absolut notwendigen Mitarbeit der Frauen bis zur Trennung von Haus- und Lohnarbeit. Das heißt, die kulturelle Entwicklung zur Hausfrau und Mutter, wie wir sie heute als Idealbild kennen. Die Psychologie hat die Theorie gestaltet, die zu dieser Lebensform paßt, welche wiederum den wirtschaftlichen Veränderungen der Industrialisierung entsprochen hat.

Zweitens wurde im Zusammenhang mit der besseren Schulung und der verbesserten wirtschaftlichen Situation der Einwohner Europas die Staatsform der Demokratie erkämpft, welche die Gleichheit der Menschen voraussetzt. Weil die Menschen aber offensichtlich in wesentlichen Eigenschaften ungleich sind und sich das sehr früh zeigt, wurde die Entstehung der Ungleichheit auf Umwelteinflüsse der frühsten Kindheit verlegt und dem Einfluß der Mutter zugeschrieben.

YCS: Die Lebensformen der letzten Jahrzehnte haben sich verändert; müßten sich die psychologischen Theorien nicht auch verändern?

C. Ernst: Es hat sich in den letzten 30 Jahren auch viel verändert. Dies zeigt sich unter anderem darin, daß in amerikanischen und britischen psychiatrischen Zeitschriften die psychoanalytischen Theorien eine sehr viel geringere Rolle spielen als nach dem Krieg.

Heute werden nicht mehr nur die dauernden Qualitäten der Umgebung eines Kindes während der *ganzen* Kindheit, sondern auch die ›Person‹ des Kindes, seine eigene ›Kompetenz‹, einbezogen. Kinder lösen durch ihr Verhalten auf Grund angeborener Tendenzen, Risiken und Chancen bei ihren Eltern unterschiedliche Reaktionen aus, und umgekehrt gilt dies auch für die Art und Weise, wie Eltern auf ihre Kinder wirken. Die Eltern-Kind-Beziehung wird heute als ein Zusammenspiel von Aktionen und Reaktionen von beiden Seiten gesehen. Kinder beinflussen auch ihre Eltern, nicht nur die Eltern die Kinder. Beispiele für diese Kreisläufe erleben wir alle Tage.

Nehmen wir zwei Söhne eines ›schwierigen‹, depressiven, launischen, leicht verstimmbaren Vaters. Der eine erlebt Angst und aggressive Gefühle, provoziert den Vater und wächst mit einer schlechten Beziehung zu Autoritätspersonen auf, die ihm noch als Erwachsener Probleme bereitet.

Der andere Sohn lernt früh, sich zu distanzieren, dem Vater auszuweichen, sich Geborgenheit zu verschaffen, bei schwierigen Personen ›gut anzukommen‹ und hat es als Erwachsener leichter.

YCS: Hat eine Mutter keinen Einfluß auf das Kind?

C. Ernst: Man weiß mit völliger Sicherheit, daß die Umgebung einen Einfluß auf die Persönlichkeitsbildung hat, aber sie kann ein Kind nicht beliebig modellieren. Die Art, wie ein Kind auf seine Umgebung reagiert, wird durch seine Veranlagung mitbestimmt. Ein angstbereites Kind reagiert auf ängstliche oder unberechenbare Eltern anders als ein stabiles Kind.

YCS: Aber ein stabiles Kind entsteht doch nur, so wird allgemein auch von Fachleuten betont, wenn eine Mutter ihm als Kleinkind Sicherheit bietet, unter anderem, durch ihre vollumfängliche Präsenz in den ersten paar Lebensjahren.

Ausgerechnet dieser Ausdruck ›stabil‹ ist ein wunder Punkt im Alltag einer Mutter. Ein nicht stabiles Kind scheint gerade ein Beweis für mütterliches Versagen darzustellen. Ist ein Kind Ihrer Meinung nach einfach von seiner Veranlagung her stabil oder nicht stabil? Oder verstehen Fachleute und Laien nicht dasselbe unter diesem Begriff?

C. Ernst: Meine Auffassung läßt sich am besten an einem Vergleich von Geschwistern darstellen. Geschwister kommen mit unterschiedlichen Veranlagungen zur Welt. In einem ruhigen, freundlichen stabilen Milieu entwickeln sich diese Veranlagungen ungestört. Aber auch in einem solchen Milieu kann ein Kind aggressiv und unkonzentriert oder extrem ängstlich aufwachsen, wenn die Veranlagung dazu sehr stark ist – es findet Auslöser von Angst zum Beispiel im Kindergarten oder in der Schule. Eine familiäre Umgebung voll Streit und Aggression der Eltern gegeneinander und gegen das Kind ist dagegen ein massiver Risikofaktor. Man sollte alles tun, um ein Kind vor einer solchen Situation zu bewahren.

Wenn ein Kind zur Stabilität veranlagt ist, wird es vielleicht ein solches Milieu überwinden. Ängstlichen und labilen Kindern gibt diese Umgebung wenig Chancen.

Ein Milieu kann stabil und freundlich sein – oder sogar an Stabilität und Freundlichkeit gewinnen –, wenn neben der Mutter noch eine Großmutter da ist oder eine Tagesmutter oder eine gut geführte Krippe mit stabilem Personal.

YCS: Sie vertreteten die These, daß ein Kleinkind in seinen ersten ein bis zwei Lebensjahren für bleibende Folgen psychischer Umwelteinflüsse relativ unempfänglich ist.

C. Ernst: Wäre dies nicht so, müßte man sich fragen, wie die Menschen als Art während etwa 100 000 Jahren überleben konnten. Menschenkinder kommen in einem extrem hilflosen Zustand zur Welt. Sie werden in ganz unterschiedliche Kulturen mit unterschiedlichen Arten des Umgangs mit dem Säugling hineingeboren. Wenn sich die Menschen nur unter einer einzigen Bedingung psychisch normal entwickeln könnten – nämlich in der ständigen Präsenz einer einzigen, einfühlenden Bezugsperson – wäre die Menschheit schon längst ausgestorben.

Die Gefahr wäre doch viel zu groß, Fehlentwicklungen zu produzieren. Müßten Säuglinge auf die unterschiedlichen Bedingungen so reagieren, wie es die Theorien von Spitz und Bowlby andeuten, dann müßten sich diese Kinder später je nach den kulturellen Bedingungen ganz unterschiedlich entwickeln, und es würde Kulturen geben, in denen die Menschen aus psychischen Gründen viel weniger überlebensfähig wären.

Aber alle Kinder, sei es bei Naturvölkern im australischen Dschungel, sei es in Lappland, Europa oder Indien, fangen zur selben Zeit an zu laufen, zu reden, zu ›fremden‹ und trocken zu werden und lernen in der Regel, die Anforderungen ihrer Kultur zu erfüllen. Das gilt, ob sie auf dem Rücken herumgetragen oder von älteren Geschwistern betreut werden, ob sie mit der Mutter allein oder in einer Gruppe von Frauen oder in einer Gruppe von Frauen und Männern aufwachsen.

YCS: Welche Antwort geben Sie einer Mutter, die sich verunsichert fragt: »Ich bin Voll-Hausfrau nur dem Kind zuliebe. Was bringt es letzten Endes, wenn es nicht darauf ankommt, ob ich da bin oder nicht, wenn es gleichgültig ist, ob ich mein Kind tagsüber jemand anderem zum Betreuen gebe oder nicht!«

C. Ernst: Die Frau kann ruhig die Situation der Voll-Mutter wählen, wenn sie Lust und Interesse hat, Kindererziehung zu ihrem Beruf zu machen. Wenn es ihr wohl dabei ist, ist diese Situation für beide gut, für sie und ihr Kind. Es gibt Frauen, welche die Muttersituation genießen und eine ausgesprochene Gabe zur Pflege und Betreuung haben, welche wir nicht hoch genug schätzen können.

Es stimmt aber trotzdem nicht, daß das Kind die volle Präsenz der Mutter notwendig braucht, um sich gesund zu entwickeln oder glücklich zu sein. Wir sollten verschiedene Formen des Mutterseins nebeneinander tolerieren.

Ich meine: die volle Gegenwart der Mutter ist an sich kein Garant für die psychische Gesundheit oder Unversehrtheit des Kindes, genausowenig wie die Abwesenheit der Mutter dem Kind psychisch schaden muß. Kinder brauchen entspannte Beziehungen zu einer überschaubaren Anzahl von konstanten Betreuungspersonen.

Wenn die Mutter oder die Eltern für eine gute und konstante Betreuung gesorgt haben, dann können sie unbesorgt das Kind tagsüber einige Stunden verlassen. Wichtig ist, daß das Kind weiß, daß es ein Heim hat und Menschen, denen es vertrauen kann; daß es weiß, wo es hingehört.

Langzeitstudien an der Gesamtbevölkerung und Erfahrungen mit Kindern in Extremsituationen unterstützen die These von Cécile Ernst. Bei Kindern, die nach Jahren elterlicher Deprivation (Trennung, Liebesentzug) in Säuglings- und Kinderheimen, später in Adoptivfamilien aufgenommen wurden, fanden die Autoren überraschend positive Entwicklungen, sofern die Kinder nicht auch innerhalb der neuen Familie anhaltenden Konflikten ausgesetzt waren.

Das einzige, was sich bisher mit Sicherheit als schädlich für Kinder erwiesen hat, sind langdauernde Spannungen und Konflikte. Negative Erlebnisse formen die Persönlichkeit vor allem dann, wenn sich diese über längere Zeit hin wiederholen.

Einmalige Erlebnisse – auch traumatische – bewältigt ein Kind erfahrungsgemäß innerhalb relativ kurzer Zeit, sofern ein solches Erlebnis nicht eine anhaltende Verschlechterung seiner Situation einleitet. Es ist deshalb richtig, wenn Eltern versuchen, anhaltende negative Situationen von ihren Kindern fernzuhalten.

Schon aus psychologischen Gründen wäre es ratsam, wenn wir Mütter uns auch die neusten Erkenntnisse der Entwicklungsforschung zu Herzen nehmen und nicht nur die bald 100jährigen Schuldzuweisungen, die oft nur auf Vorurteilen und unbeweisbaren Hypothesen beruhen.

Der Einfluß der Mutter ist keineswegs so stark, wie bisher angenommen wurde. Seine hohe Bewertung ist das Resultat von psychologischen und gesellschaftspolitischen Ideologien und Theorien.

Andererseits haben wir es aber auch mit einer Selbstüberschätzung der europäischen Mütter zu tun. Viele vertrauen ihre Kinder nur widerwillig einer anderen Person an – nicht einmal dem Vater – aus Angst, das Kind könnte falsch behandelt werden.

Viele Mütter sind der Meinung, nur sie allein seien kompetent und könnten die Bedürfnisse ihrer Kinder richtig erfüllen.

Wir Mütter bieten zwar eine billige und wertvolle Kinderbetreuung, aber wir sind weder unentbehrlich noch unersetzbar. Dies ist eine der Wahrheiten, die wir heute zur Kenntnis nehmen müssen. Die einen mögen es bedauern, die andern mögen erleichtert aufatmen.

So angenehm und bequem Kinder, Ehemänner und PolitikerInnen die Exklusivität unserer mütterlichen Gegenwart finden, die Kinder wachsen auch betreut durch andere Personen zu glücklichen Erwachsenen heran.

Wer die Mütter allein für negative Entwicklungen von Kindern verantwortlich macht, hat ein zu einfaches Weltbild. Viele Mütter tun dies schon selber. Sie belasten sich mit großer Angst und Schuldgefühlen. Sie fühlen sich als Hauptverantwortliche für das Werden und Handeln ihrer Kinder, auch später noch im Erwachsenenalter.

Ich bin nicht der Meinung, es sei ohne Bedeutung, was ich als Mutter tue oder unterlasse. Ich bin aber überzeugt, daß jede Mutter selbst entscheiden muß, unter welchen Bedingungen sie und ihre Kinder sich wohl fühlen.

Das Ausspielen der berufstätigen gegen die nicht berufstätigen Mütter empfinde ich als eine unnötige, üble Sache. Sie verrät Intoleranz, Selbstgerechtigkeit und Selbstgefälligkeit – auf beiden Seiten!

Mutter als Vollberuf ist eine legitime Alternative neben der schon vorhandenen Berufspalette. Doch sollte die Tätigkeit der Mutter auch als das anerkannt werden, was sie ist, als Arbeit! Echte Anerkennung würde bedeuten, daß Mütter für ihre Erziehungsarbeit in der Altersrente einen ›Betreuungsbonus‹ angerechnet erhalten.

Ich bin als Mutter gern bereit, meinen Teil der Verantwortung für meine Kinder zu übernehmen. Ich bin aber nicht bereit, mich damit abzufinden, daß man mich als Mutter allein zum Sündenbock für alles und jedes stempelt, was bei meinen Kindern nicht nach den gesellschaftlichen Erwartungen und Normen abläuft.

Auch nicht symbolisch!

5 Mütter: Kläranlagen einer kranken Gesellschaft?

Nicht nur das Waldsterben und die fortschreitende Luft- und Wasserverschmutzung, auch die katastrophalen Atom- und Chemieunfälle wie Tschernobyl und Bhopal, die Dioxin-Verseuchung von Seveso, das wachsende Ozonloch und die Abholzung der Regenwälder mitsamt den beängstigend schnellen Klimaveränderungen und Naturkatastrophen haben vielen Menschen bewußt gemacht, daß die lebensnotwendigen Naturreserven unseres Planeten nicht unendlich sind.

Dies hat bei einigen zu einem Umdenken geführt und gleichzeitig das Bedürfnis nach neuen, anders funktionierenden kreativen Denkarten in der Politik geweckt. Wen erstaunt es also, daß das lange verachtete ›Weibliche‹ als Alternative postuliert wird?

Ohne ›Feminisierung der Gesellschaft‹ habe die gesamte Menschheit überhaupt keine Zukunft mehr, warnte der französische Philosoph Roger Garaudy schon Anfang der 80er Jahre in seinem Buch *Das schwache Geschlecht ist unsere Stärke.*

Die Besonderheit des Weiblichen wird gern damit erklärt, daß Frauen aufgrund ihres Ausschlusses aus der männlichen Ordnung von Fortschritt, Raubbau und Expansion angeblich ihre ›Ursprünglichkeit‹ bewahren konnten.

Als Opfer jeder Unterdrückung werden sie von jeglicher Schuld am desolaten Zustand der Erde reingewaschen. Dadurch scheinen sie einerseits die Möglichkeit zu haben, diesen Zustand objektiv zu erkennen, und gleichzeitig haben sie als nun ›Gleichberechtigte‹ die Macht und die Pflicht, das Verpfuschte wiedergutzumachen.

Auffallend ist in den letzten 15 Jahren, wie ein neues und gleichzeitig altes Idealbild sich breitmacht: Natur gleich Frau. Durch ihre Fähigkeit, Kinder zu gebären und die alltäglich notwendige Rücksichtnahme auf Kinder, Kranke und Schwache sei die Frau auch automatisch mehr auf Harmonie und Rücksicht im Verhältnis zur Natur eingestellt. Daraus folgt das Bild von der Frau als Retterin der Natur und Garantin einer heilen Welt. Das ›Weibliche‹ feiert Urständ.

Viele Frauen scheinen heute diese Rolle bereitwillig anzunehmen. Wen wundert das? Eröffnet sich hier doch eine neue Möglichkeit, endlich am Geschick der Welt als Handelnde teilnehmen zu dürfen. Diese neue (alte) Rolle gibt ihnen wieder etwas von ihrer Identität zurück. Anders zu sein, ja, besser zu sein als der Mann, nicht immer den kürzeren zu ziehen wie bisher hat in der Tat etwas Verlockendes an sich. Immerhin haben die Frauen im Hinblick auf die bisherigen Emanzipationsbewegungen kaum große Erfolgserlebnisse gehabt. Begeistert hören deshalb verständlicherweise viele Frauen den Ruf zurück zur Natur, weigern sich, in den ›verdorbenen‹ männlichen Politstrukturen mitzumachen, fühlen sich ganz ›echt vom Bauch her‹ und lesen neue Frauenkult-Bücher, wo ihnen sogar mit Hilfe der Chromosomen ihre Überlegenheit über die Männer bewiesen wird. Selten kommt die Frage auf, ob diese Heilserwartungen auch im idealsten Fall mit den realen Möglichkeiten und Fähigkeiten der Frauen im Einklang stehen.

Nimmt Frau den Ruf der Natur ernst und schaltet sich aktiv in Politik und Wirtschaft ein, um das ›Weibliche‹ dort einzubringen, macht sie schnell die Erfahrung, daß sie mit ihren als weiblich gerühmten Eigenschaften in den untersten Stufen steckenbleibt. Ihre ach so gepriesene Emotionalität und Kreativität nützt ihr sehr wenig, wenn ihr die harten Ellbogen und die Autorität fehlen, diese durchzuboxen.

Und angenommen, sie hat die nötige Angriffsfreudigkeit: Schafft sie es überhaupt, an die wirklich relevanten Hebel der Macht zu kommen? Dies würde voraussetzen, daß jemand dort gewillt wäre, seinen Platz für eine Frau zu räumen. Große Begeisterung dafür läßt sich aber nirgends feststellen. Außerdem scheint es mir eine romantische Sicht, Frauen könnten in der heutigen Gesellschaft an den Zentren der Macht ›menschlicher‹ sein als Männer in derselben Situation.

Sicher stimmt es zwar im Moment noch, daß bei vielen Frauen die Rückkoppelung an die Realität um einiges besser funktioniert als bei den meisten Männern. Viele Frauen gehen in der Politik von ihrer eigenen Betroffenheit aus, von ihrer alltäglichen Zuständigkeit als Frau mit Beruf und Familie.

Wie allerdings die Welt aussehen würde, wenn Frauen Macht in den Händen hätten und in Verantwortung für die Gemeinschaft Entscheidungen fällen könnten, weiß niemand. Aber soweit ist es ja sowieso noch nicht, und ob Frauen dies schaffen, bevor die Menschheit sich selber zugrunde gerichtet hat, steht auf einem anderen Blatt.

Wir alle wissen, auch Frauen können egoistisch, bequem, machthungrig, rücksichtslos, eindimensional und dumm sein, wie eben viele Männer auch.

Doch das scheint keinen Mann daran zu hindern, wichtige politische Ämter zu bekleiden, wo er teilweise ohne jegliche Realitätsbezogenheit an den Machthebeln schaltet.

Vorläufig wird den Frauen der Zugang zu entscheidenden Machtpositionen so hürdenreich gestaltet, daß vielen im Vorfeld bereits die Lust daran vergeht. Zugestanden wird der Frau aber von vornherein die moralische Pflicht, als Spezialistin für Natürlichkeit und Gefühl mit erhobenem Mahnfinger ein Vorbild für Frieden, Gerechtigkeit und Umweltschutz zu sein.

Politiker werden nicht müde zu erklären, wirksamer Umweltschutz beginne im Kleinen zu Hause, bei jedem einzelnen. Und zu Hause? Da bleibt er dann bei *jeder* einzelnen hängen.

Während die umweltbewußte Hausfrau ›im Kleinen‹ brav kompostiert, mit dem Fahrrad, vorne und hinten ein Kind, Glas, Aluminium und Weißblech auf die separaten Sammelstellen bringt, anschließend vom Bio-Gemüseladen zum Reformhaus fährt, um ungespritzte Zitronen und phosphatfreies Waschpulver zu holen, fließen gleichzeitig im Großen weiterhin, durch Gesetzeslücken begünstigt, Millionen Liter Chemiewasser und Öl aus vergammelten Tankern ins Meer, brennen Ölfelder als Folge eines männlichen Machtwahns.

Doch nicht nur die Rettung der Natur, die, wie gesagt, im Kleinen beginnt, wird heute von den Frauen verlangt. Nein, als Mutter soll und will sie oft auch Kinder zu Menschen erziehen, die sorgfältig mit der Natur umgehen.

Dieselbe Frau, die nach den Gesetzen der herkömmlichen Psychologie den wichtigsten ›pathogenen‹ Faktor für ihr Kind darstellt, die also angeblich ihre Kinder therapiereif ›muttert‹, dieselbe Frau soll nun auf der anderen Seite dank ihrer natürlichen Mütterlichkeit, ihrem Einfühlungsvermögen und ihrer Naturverbundenheit besonders geeignet sein, die Menschheit vor der Selbstzerstörung zu retten und

Kinder zu besseren Menschen zu erziehen? Trotz komplizierter Hirnakrobatik begreife ich nicht, wie dies möglich sein soll.

Doch gerade die ganz konkret alltäglich geäußerte Erwartung, es liege in Händen der Frauen, die Kinder zu besseren Menschen zu erziehen, stellt für verantwortungsbewußte Mütter eine ungeheure Belastung dar. Von mir als Mutter werden scheinbar Wunder erwartet. Ich soll, so der Dauerappell, in einer übertechnisierten, zubetonierten Umwelt, in einer von Allergien und Neurosen geplagten, verrohten, aggressiven, gehetzten Gesellschaft eine Art Kläranlage sein, die pausenlos Krankes und Böses schluckt und gereinigt und gesiebt wieder ausspuckt. Ich soll der geduldige, starke, sensible Engel sein, der für sein Kind eine Welt mit Schmetterlingen und blühenden Lilien schafft. Und wenn ich versage? Dann bin ich, so droht man mir, nicht nur schuld am gefährdeten Familienglück, sondern am Unglück der kommenden Generation.

Behandelt die Mutter, die doch Teil der Gesellschaft ist, ihre Kinder im Kleinen so wie es die Gesellschaft im Großen tut, dann ist sie eine Rabenmutter. Zum Glück tun dies die meisten Mütter nicht, handeln sich dafür aber kaum lösbare Probleme ein: Mit unverfrorener Selbstverständlichkeit liegt die Forderung in der Luft, die Mutter als Naturreservat habe als Erholungsraum für alle Familienmitglieder zu funktionieren – und dies in einer Welt, die alles andere als natürlich und erholsam ist.

Unwidersprochen und selbstverständlich übernehmen Frauen – ob berufstätig oder nicht – die Aufgabe, zuständig zu sein für das allgemeine psychische Wohlbefinden ihrer Lieben. Aber diese Arbeit wird als Nichtstun angesehen, doch darüber spricht man nur zur Freundin. Gloria, eine ›Ganztagesmutter‹, hat ihre Mühe damit:

Warum machen wir ein Geheimnis daraus? Warum tun wir so, als wäre es keine Arbeit? Tun so, als wäre es einfach und bequem, bei unsern Kindern zu Hause zu bleiben, als wäre das die glorreiche Belohnung, die uns der Wohlstand beschert. Ich beneide die Mütter, die arbeiten müssen. Gleichzeitig habe ich solche Schuldgefühle, daß ich es nicht fertigbringe, meinem Mann, wenn er aus dem Büro nach Hause kommt, zu sagen, daß die Betreuung unseres zweijährigen Sohnes das Anstrengendste und Schwierigste ist, was ich je gemacht habe. Statt dessen höre ich ihm zu, wenn er sich darüber beklagt, wie erschöpft er ist.[1]

Die hohen Erwartungen nach heiler Welt und heilen Menschen können Frauen aber weder im Kleinen noch im Großen erfüllen. Aus dem ganz einfachen Grund, weil sie Menschen wie die Männer sind und Schwächen und Macken haben wie sie. Wie gesagt: Auch die Frauen sind empfänglich für Bequemlichkeit, Machtgelüste, Wohlstand und ›Heile Welt‹-Erwartungen, und sie haben außerdem keine politische und wirtschaftliche Macht.

Nicht nur die Frau als Entspannungsmittel, auch die Frau als emotioneller Abfallkübel, der mit eingebauter Wasch- und Kläranlage alles wieder läutert, ist gefragt. Sie sollte ähnlich einer biologischen Kläranlage Schlechtes abbauen und in Gutes zurückwandeln. Daß ihr dafür aber in der Praxis die nötigen ›magischen‹ Bakterien fehlen, will niemand wahrhaben. Die Mutter soll, so die Erwartung, unberührt von äußeren krank machenden Umständen ihre Kinder gesund und unangetastet großziehen, sie mit Liebe füllen und stark machen gegen jedes spätere Ungemach. Die Mutter soll sich nach ökologisch orientierten Ratgebern über Jahre hinweg von biologisch angebauten Produkten ernähren, damit ihr Kind gesund auf die Welt kommt, um später nach Luft japsend durch die schadstoffgeschwängerten Straßen zur Schule zu fahren.

Die Mutter soll dem Kleinkind arbeitsaufwendige, giftfreie Bio-Kost anbieten, um seine Gesundheit sicherzustellen, während im Fernsehen für McDonalds und kunstgerecht verpackte Fertigmenüs geworben wird, und während im Laden kaum mehr ein Lebensmittel ohne künstliche Zusätze oder künstliche Behandlung zu kaufen ist und die Lebensmittelallergien zu einem weitverbreiteten Problem werden.

Die Mutter soll dem Kind zuliebe, innerhalb der Familie, völlig unberührt vom normalen Sucht- und Konsumverhalten der gehetzten Gesellschaft, Verzicht üben zum Beispiel im Rauchen oder Fernsehen, während sich draußen der Rest der Welt süchtig zu Tode konsumiert.

Die Mutter soll dem Kind beibringen, daß alle Menschen gleichwertig und achtenswert seien, und sexuelle Aufklärung möglichst altersgerecht angehen, während die Kinder am Kiosk ihr Taschengeld für ihren Kaugummi auf nackte, aufreizende Frauenbusen legen müssen und täglich Zeugen werden, wie die Frau, auf ihren Körper reduziert, in den männerdominierten Zeitschriften und Filmen als Aufgeilungsmittel vermarktet wird. Nie erleben sie, daß ein Mann derart zur Sache gemacht wird.

Die Mutter soll in der isolierten Privatheit ihrer Wohnung ihrem Kind eine gesunde Kindheit inszenieren, während draußen alles zubetoniert wird, während ganze Stadtviertel kinderfrei ›gesäubert‹ werden, Altbauwohnungen durch sündhaft teure Luxuswohnungen oder durch Banken, Warenhäuser und Verwaltungsgebäude ersetzt werden.

Die Mutter soll ihren Kindern eine schützende und unterstützende Umwelt bieten, ohne aber selbst von der Gemeinschaft getragen zu werden.

Die Mutter soll von ihren Kindern weder Dankbarkeit noch Belohnung erwarten, während jedem Mitglied unserer Leistungsgesellschaft von klein auf beigebracht wird, daß es für alles, was es tut, auch eine Gegenleistung erwarten darf.

Die Mutter soll auch keinen eigenen Ehrgeiz entwickeln, sondern sich einzig auf das Wohlbefinden und die Entwicklung des Kindes konzentrieren, während gleichzeitig draußen die Schule und die restliche Gesellschaft täglich Bestleistungen feiert. Ob im Sport, in der Ausbildung oder am Arbeitsplatz: alles dreht sich nur um Ehrgeiz und Anerkennung.

Die Mutter, so die unbedingte Forderung, soll sich in den ersten Jahren die notwendige Zeit nehmen, jene so oft zitierte, lebensnotwendige oder je nach Standpunkt gefährliche, ›enge‹ Beziehung zum Kind aufzubauen. Gleichzeitig wird ökonomisch selbständigen Müttern diese Zeit nicht zugestanden, sonst verlieren sie den Arbeitsplatz. Beharren sie auf dieser Zeit, begeben sie sich zum einen in finanzielle Abhängigkeit entweder vom Ehemann oder vom Sozialamt, zum anderen erschweren sie sich ihre ›Rückkehr‹ ins Berufsleben enorm.

Die Mutter soll als Frau ›emanzipiert‹ und finanziell selbständig sein, sobald die Kinder aus dem Gröbsten sind. Dies ist die Forderung unserer Zeit, sonst wird sie als parasitäre Ausnützerin ihres Mannes angesehen. Werden die Kinder aber außerhalb der Schulzeiten alleingelassen oder fremdbetreut, bekommt die Mutter, wenn etwas mit den Kindern ›schräg‹ läuft, das ganze Schuldpaket zugeschoben. Und selbstverständlich nimmt sie es auch schuldbewußt an.

Die Mutter soll, so die Idealvorstellung, immer da sein, wenn das

Kind sie braucht, gleichzeitig soll sie als geschiedene beziehungsweise alleinerziehende Mutter niemandem finanziell zur Last fallen. Die Familienstrukturen ändern sich, viele Mütter von Schulkindern sind berufstätig, doch die Schule hat bis jetzt den Wandel nicht nachvollzogen. Immer noch rechnet die Schule mit einer Mutter, die den ganzen Tag zu Hause einsatzbereit wartet.

Die Mutter soll – wenn nötig – arbeiten gehen, aber merken soll man zu Hause nichts davon. Die Kinderbetreuung bleibt ihr ganz ›persönliches‹ Problem. In den Industrieländern gibt es immer weniger Kinder, während die Kosten für die Erziehung immerzu steigen. Kinder sind heute länger in Ausbildung und deshalb auch länger zu Hause. Heute schätzt man die Kosten, die Eltern für ein Kind bis zum 20. Lebensjahr haben, auf ca. 200 – 250 000 DM. Nicht zuletzt auch die explosionsartig in astronomische Höhen steigenden Wohnungsmieten erfordern heute von der Unter- und Mittelschicht zwei Geldverdiener pro Familie. Genügend Kinderbetreuungs- und Freizeithäuser sind aber nicht vorhanden.

Der Frau, der Mutter, wird für die Familie die größte ›Kompetenz‹ zugesprochen. Alle wirtschaftlichen und gesetzgeberischen Entscheidungen, die sich auf die Familie auswirken, werden aber von Männern getroffen. Die Mutter soll die für eine kompetente Haushaltsführung und Erziehung nötigen ›weiblichen‹ ganzheitlichen Werte geschickt vorleben und weitergeben, ohne sie je gelernt zu haben; nach dem Durchlauf eines Schul- und Ausbildungssystems, das nur männliche Wertmuster weitervermittelt. Weshalb gibt es ein Abiturfach Sport, aber kein Abiturfach Hauswirtschaft? Selbstverständlich müßte dies für Männer und Frauen verpflichtend sein. Hier wäre besonders ein ›Männer/Jungenförderungs‹-Programm mit besonderen Stützkursen angebracht.

Wird heute nicht traditionelles (weibliches) Alltagswissen belacht und fahrlässig dem Vergessen preisgegeben, um es morgen vielleicht mühsam wieder neu zu erlernen, weil es zum Überleben notwendig sein wird?

Die Liste der Erwartungen, wo Mütter es überall besser machen sollten als der Durchschnittsbürger und die Durchschnittsbürgerin, ließe sich noch lange fortsetzen.

Wie wäre es, wenn auch Männer an ihrem Anteil weiblicher Werte gemessen würden? An ihrer Bereitschaft, auch die Schattenseiten der weiblichen Werte auf sich zu nehmen? An ihrer Bereitschaft, die unsichtbare alltägliche unbezahlte Sisyphusarbeit, sei es in der Familie oder im Sozialbereich, zu übernehmen? An ihrer Bereitschaft, zurückzustehen zugunsten anderer?

In Anbetracht der schizophrenen Position, die die heutige Gesellschaft den Müttern entgegenbringt, leisten Mütter trotz großer Verunsicherung eigentlich erstaunlich gute Arbeit. Vielleicht zu gute? Die ›Null-Bock-Generation‹ deutet vielleicht an, wie kompliziert das Leben für ein Kind wird, das auf der einen Seite ›heile Familie‹ feiern soll, auf der anderen Seite aber in eine No-Future-Gesellschaft hineinwächst.

Eine gesunde Gesellschaft müßte sich eigentlich aus Gründen des Überlebens um ihren Nachwuchs kümmern, auf Veränderung und Bedürfnisse reagieren, eine Umgebung schaffen, in der nicht nur der Nachwuchs geschützt ist, sondern auch seine Betreuungsperson. Doch wie heute die Gesellschaft mit Kindern und Müttern umgeht, spottet jeder Beschreibung.

Auch wenn jedem normal denkenden Menschen klar ist, daß wirtschaftlicher Druck, Wohn- und Arbeitsbedingungen, Marketingstrategien, Konsum- und Suchtverhalten eng ineinander greifen und oft katastrophal auf die Familie einwirken, beharrt man trotzdem auf der einfachen Sündenbock-Strategie: ›Mutter ist an allem schuld‹.

Man beharrt darauf, daß ein aus der Norm fallender Mensch ein Resultat davon sei, daß seine Mutter versagt habe, daß es ihr nicht gelungen sei, ihn zu einer ›gesunden‹ Person heranwachsen zu lassen oder zu ›bilden‹.

Und den Müttern fällt es oft sehr schwer, die Schizophrenie der Forderungen, die an sie gestellt werden, zu durchschauen. Zu erkennen, daß sie zwar verändern, verbessern sollen, aber keine Mittel dafür zur Verfügung gestellt bekommen. Da hat es eine Kläranlage doch besser!

6 Schuldgefühle: Die Folgen einer widersprüchlichen Gesellschaft

Da sieht man sie strahlen, Nadja, Claudia, Sabine, Christine oder wie immer diese cleveren jungen Frauen von heute heißen mögen; als Mädchen dieselben Schulen besucht wie die Jungen, gemäß ihren individuellen Neigungen gefördert, Legasthenie bereinigt, durch Zahnspangen und Rückenturnen erfolgreich korrigiert, blendend aussehend, beruflich gut qualifiziert auf dem Weg zur goldenen Karriere. Das Angebot ist da. Es ist nur eine Frage des Willens. Frau Ministerpräsidentin, Frau Professorin, Frau Direktorin, bitte, Sie brauchen nur zuzugreifen.

Ja, und wie ist es denn mit Kindern und Familie?

Aber selbstverständlich. Auch das ist doch kein Problem, das schaukeln Sie, die Superfrau, so ganz nebenbei, sozusagen in Ihrer Freizeit. Diesen Eindruck erhalten Mann und Frau, schauen er oder sie die Hochglanz-Zeitschriften an. Wohin das Auge reicht: nur jung-dynamische Superfrauen, eine Mischung zwischen Dallas und Juppie-Managerinnen.

»Die Superfrau ist der neue Mythos, dem nachzueifern uns nach Kräften suggeriert wird«, spöttelt Michèle Fitoussi in ihrem Buch *Zum Teufel mit der Superfrau.* »Da steht sie, effizient wie ein MacIntosh Plus, tagsüber in Chanel, abends in Alaia, die eine manikurierte Hand auf der Aktenmappe, die andere liebevoll um das klebrige Pfötchen eines schmollenden Engels (klebrig vom selbstgebackenen Schokoladekuchen), den kußfest geschminkten Mund auf demjenigen des Traummannes, das eine Ohr am Telefon mit dem Delikatessenhändler, das andere in Direktwahl mit Tokio.«[1]

Nicht ganz harmlos finde ich das ›flotte‹ Frauenbild der 80er und 90er Jahre, wonach, so scheint es, Karriere und Kinder im Handumdrehen zu schaffen sind.

Von Karriere sehe ich schon bei den meisten Frauen ohne Kinder keine Spur, weshalb sollte dies plötzlich mit Kindern leichter sein? Top-Leistung im Beruf und gleichzeitig zu Hause die beste aller Mütter: die Erwartungen, mit denen Frauen konfrontiert sind, müssen im einen oder anderen Bereich zu Gefühlen des Versagens und der Schuld führen.

Entscheiden sich Frauen ganz für die Familienarbeit, sind sie auch hier mit einem Bündel von Erwartungen konfrontiert, die sie schwerlich alle erfüllen können.

Und doch versuchen sie dies täglich, immer die Supermütter der Eltern- und Familienzeitschriften vor Augen, denen zufolge Mütter ihren Haushalt mit der linken Hand schmeißen. Kinder machen auch keine Arbeit, sondern sind die reine Freude!

Supermutter weiß, mit welchem Computerprogramm die Mathematik-Hirnzellen ihres Kindes aktiviert und mit welcher Diät Aggressionen abgebaut werden. Sie weiß, welche Einlage gut für Plattfüße sind und wo für ihren Teeni ein Benetton-Pulli zum reduzierten Preis zu kaufen ist. Ihr Kind ist immer glücklich und die Supermutter auch.

Sie hat unendlich viel Energie, richtet Kinderkrippen, Jugendbibliotheken, Spielgruppen und Bastelkurse, Mütterberatungen, Frauenhäuser, Kindernotruftelefone und Altersnachmittage ein, engagiert sich in der Alters- und Krankenpflege, in Selbsthilfegruppen, verschiedensten gemeinnützigen Institutionen, örtlichen Frauenvereinen, Turnvereinen, politischen Parteien, in der Ökologie- und Friedensbewegung. Sie arbeitet viel und gratis, ehrenamtlich, wie es so schön heißt, auch wenn von Ehre oder Anerkennung so viel zu sehen ist wie vom Schnee vom vergangenen Jahr.

Ich übertreibe? Finden Sie? Zugegeben, aber nur ein ganz klein wenig!

In jeder Mutterbrust konkurriert heute das Leitbild der selbstbestimmenden, qualifizierten Berufsfrau mit dem der selbstlosen, fürsorglichen, allgegenwärtigen Mutter. Abgesehen davon bleibt zu hinterfragen, ob ›selbstlos‹ wirklich ein Kompliment für eine Mutter ist.

Die aufgeschlossene Haltung der modernen Gesellschaft gegenüber der berufstätigen und bildungsinteressierten Frau täuscht nicht über die Tatsache hinweg, daß die traditionelle Vorstellung weiterhin als fast einzig richtige gilt. Danach ist die Frau zuständig für die Familie, für das reibungslose Funktionieren der Ehe und für die Betreuung von Kindern, Kranken und alten Menschen. Immer noch ist es meistens die Frau, die sich um die Kleinarbeit bei der Vorbereitung von familiären festlichen Anlässen kümmert. Sie ist es, die die passenden Geschenke besorgt, den beleidigten Schwager doch noch überreden kann, sich wieder mit seinem Bruder an einen Tisch zu setzen, mit den Kindern Weihnachts- und Geburtstagsüberraschungen bastelt, der Zeitungsausträgerin, dem Postpersonal und den Männern von der Müllabfuhr ihren Neujahrsobulus bereitstellt und den Nachbarn einen Kuchen backt.

Gleichzeitig wünschen sich heute immer mehr Männer, daß Frauen aktiv am öffentlichen Leben teilnehmen, es soll, wenn es die eigene Frau betrifft, nur bitte nicht auf Kosten des eigenen Komforts gehen. Und daneben geistert immer noch das Wunschbild vieler Männer aus den 50er und 60er Jahren herum: Die Idealfrau als verkindlichtes, immer zur Verfügung stehendes sexy Dummerchen mit unschuldigem Blick und lüstern heraushängender Zunge, wie es in Zeitschriften, Film und Unterhaltungsindustrie immer dreister von Männern für Männer propagiert wird.

Diese Vorstellung trägt dazu bei, daß viele Männer im Alltag nicht mit der real existierenden erwachsenen Frau klar kommen, wird doch schon dem pubertierenden Jungmann ein unsensibles Bild einer Sexualität vermittelt, die nur zu seiner eigenen Befriedigung dienen soll.

Die widersprüchliche Erwartungshaltung der westlichen Gesellschaft der Frau gegenüber hat zur Folge, daß auch die Frauen selbst sich widersprüchlich verhalten und nach allen Richtungen mit Schuldgefühlen reagieren.

Wählt eine Frau heute als Mutter die Möglichkeit, zusätzlich auch berufstätig zu sein, ist das Anforderungsprofil in Ausbildung, im Beruf wie auch in der Politik von Männern auf eine Männerbiographie zugeschnitten. Die Berufsarbeit, vor allem in gehobenen Positionen, ist heute nämlich so organisiert, daß eigentlich eine Person nötig ist, die dem Berufstätigen die reproduktiven Arbeiten weitgehend abnimmt. Diese Entlastung leisten viele Frauen für ihre Ehemänner – nicht aber umgekehrt.

Es gibt für Frauen keinen ›Mütterbonus‹, in keinem Bereich unserer Gesellschaft!

Überall werden sie nach den an Männern orientierten Leistungskriterien gemessen. Frauen, ob mit Kind oder ohne, müssen im Berufsleben totalen Einsatz bringen, damit sie die Achtung von Frauen wie Männern erhalten. Gleichzeitig wird allgemein das Bemühen der Frauen zur Pflege eines guten Klimas in der Familie und am Arbeitsplatz als etwas sehr Selbstverständliches angenommen. Ihre Bereitschaft, sich Zeit zu nehmen für Gespräche, wird gern von leistungsorientierten Männern wie Frauen in Anspruch genommen, aber nicht als Leistung empfunden, sondern verächtlich als ›Klatsch‹ bezeichnet; Gespräche, die in der wettbewerbsorientierten Welt zu kurz kommen, aber trotzdem ein Bedürfnis vieler Männer und Frauen sind; Gespräche, die vielfach in Therapiestunden teuer erkauft werden müssen.

Hinzu kommt, daß die heutige Generation junger Frauen, die laut Untersuchungen so gut qualifiziert sind wie noch nie zuvor in der Geschichte, nach wie vor schlechtere Bedingungen auf dem Arbeitsmarkt vorfinden als ihre männlichen Kollegen.

Wer in Krisenzeiten zuerst unter die Räder kommt, zeigte Anfang der 90er Jahre das Beispiel der ehemaligen DDR-Frauen im neuvereinigten Deutschland, die von einem Tag auf den anderen durch Massenentlassungen und Schließungen von staatlichen Kinderbetreuungseinrichtungen in großer Anzahl aus dem bezahlten Arbeitsmarkt ausgeschlossen wurden.

Mit dem Ausstieg aus dem Beruf, sei es auch nur für wenige Jahre, verbauen sich Familienfrauen meistens ihre Karriere. Das Dreiphasenmodell, Ausbildung und Berufsausübung, Kindererziehung, Wiedereinstieg in den Beruf, hat sich praktisch als nicht durchführbar erwiesen. Trotzdem wird dieses Modell theoretisch in vielen Bereichen der Gesellschaft propagiert.

Die Wiedereinstiegs-Kampagnen für Frauen, die verschiedene europäische Staaten Ende der 80er Jahre begannen, fördern fast ausnahmslos Bereiche mit hohem Personalbedarf und richten sich nicht nach den Bedürfnissen der Frauen selbst, die zum Beispiel in die ursprünglich erlernten Berufe wiedereinsteigen wollen.

Die rasante Entwicklung der modernen Technik hat in vielen Berufen innerhalb weniger Jahre tiefgreifende Umwälzungen zur Folge. Wer im Beruf nicht dauernd dabei ist und sich weiterbildet, ist heute innerhalb kürzester Zeit ausgebootet und nicht mehr gefragt.

Bleibt eine Mutter in ihrem Beruf, wird ihr signalisiert, daß ihre Kinder zu kurz kommen. Horror-Storys von vernachlässigten Schlüsselkindern, die nur Fernsehen oder Video glotzen, die Wände verschmieren, Drogen nehmen und zu Straßen-Rowdys werden, sind nicht nur auf Spielplätzen und Müttertreffs zu hören. Die Mütter selber beobachten heimlich ihr Kind und geraten in Panik bei jedem Anzeichen von Unregelmäßigkeit im Verhalten.

Gerade Kinder und Jugendliche zwischen 12 und 18 Jahren verunsichern berufstätige Mütter besonders stark. Jedes ›schwierige‹ Verhalten, und sei es noch so altersgemäß, erfüllt die berufstätige Mutter mit schweren Schuldgefühlen.

Die Mutter und ihre Ankläger und Anklägerinnen vergessen, daß in jeder Familie, auch in der harmonischsten, Streßfaktoren wie Geschwister-Machtkämpfe, die eigene Position innerhalb der Familie und des Gruppenverbands in Schule und Freizeit und nicht zuletzt die Selbstsuche in der Pubertät zu Belastungen führen, mit denen auch das bestmöglich betreute Kind umzugehen erst lernen muß.

Die Folge davon, Aggressionen, Kopfweh, Vereinzelung und anderes mehr, kann die Familie nicht unberührt lassen, und am wenigsten gerade die Mutter, die heute als Hauptzuständige für die Familie gilt.

Die steigende Gewalt und die Null-Bock-Stimmung der jüngsten Generation erklären sich die Experten so: Die berufstätige Mutter ist schuld, sie vernachlässigt aus Ichsucht und ›falsch verstandener Emanzipation‹ ihre Kinder.

Aber nicht nur mit den Schuldgefühlen, die eine Mutter allgemein bei kindlichem ›Fehlverhalten‹ belasten, hat sich die berufstätige Mutter herumzuschlagen. Nein, auch mit den ganz alltäglichen

158

Schuldgefühlen: Noch immer ist im Bewußtsein der Gesellschaft und der Mütter der Slogan ›eine richtige Mutter muß dauernd bei ihren Kindern sein‹ tief verwurzelt.

Hat sich eine berufstätige Mutter endlich von diesen Schuldgefühlen gelöst, wird sie mit weiteren Problemen konfrontiert: sie kann ihr Kind nicht einfach in der nächsten Betreuungsstätte abgeben – die ist nämlich auf Jahre hinaus ausgebucht –, eine Großmutter ist nicht vorhanden, die Gutmütigkeit der Nachbarin hat ihre Grenzen und das jüngere Schulkind will die Mutter, auch in Randstunden, nicht allein zu Hause lassen – mit Recht. Was tut sie?

Sie organisiert sich flexibel wie Gummi nach allen Seiten. Am Montag hat Mutter Nadja das Kind von Mutter Christine zum Mittagessen, dafür darf sie mittwochs, an ihrem Arbeitstag, ihre zwei Kinder zur Mutter Christine schicken. Am Donnerstag dürfen die Kinder von Mutter Nadja bei Mutter Claudia mitessen, dafür nimmt Mutter Nadja die Kinder von Mutter Claudia am Freitagnachmittag.

Der Wunsch des beruflichen Wiedereinstiegs löst bei vielen Paaren Veränderungen und Beziehungskonflikte aus. Neuesten Umfragen zufolge befürworten die meisten Männer grundsätzlich den beruflichen Wiedereinstieg der Frauen. Sie fühlen sich finanziell entlastet und zählen Vorteile auf wie Unabhängigkeit oder Zufriedenheit der Frau. Doch auch bei denjenigen Männern, die am Anfang Hilfsbereitschaft signalisierten, waren am Schluß nur noch wenige bereit, ihre Erwartungen und ihr Verhalten an die neue Situation anzupassen und sich selbst mitverantwortlich für den Haushalt und die Familienorganisation zu fühlen.

Trotz ›Emanzipation‹ sind Frauen immer noch diejenigen, die individuell für das gesellschaftliche Erfordernis Kind geradezustehen haben. Die Entscheidung für ein Kind bedeutet für die meisten Frauen, sich entweder aus der Gesellschaft in die Isolation des Haushalts zurückzuziehen oder aber allein den Balanceakt zwischen beruflichen und familiären Anforderung zu bewältigen.[2]

Wählt die Frau als Mutter die Familie und gibt sie ihre Eigenständigkeit im Beruf auf, wird sie auch von ihrer Familie meistens nur nach den leistungsüblichen Kriterien der restlichen Gesellschaft eingeschätzt. Dies veranschaulichte 1989 eine österreichische Studie: »Heutige Kinder haben oft das Gefühl, daß ihre Mutter, wenn sie ausschließlich Hausfrau ist, es zu nichts gebracht hat.«[3]

Die rasante Talfahrt der Achtung vor Hausarbeit und Mutterpflichten in den letzten 20 bis 30 Jahren steht in lebendigem Widerspruch zur Tatsache, daß heute wie noch nie zuvor die Kindheit und das ›Individuum‹ ins Rampenlicht der Psychologie und Pädagogik gerückt sind.

Die mütterliche Arbeit wird als Nichtstun verspottet und gilt wirtschaftlich als ›nichtproduktiver‹ Bereich, was die tatsächliche Einschätzung solcher Arbeit auch öffentlich verrät. Da nützen auch keine Muttertage und keine Blumensträuße bei Ehrenverleihungen an Söhne und Ehemänner.

Es wird wohl niemanden ernsthaft erstaunen, daß gerade die beruflich erfolgreichen Nadjas und ihresgleichen Mühe haben mit dem Umstieg von der finanziellen Unabhängigkeit ihres Berufs zur Abhängigkeit der Hausfrau.

Denn oft ist der Wechsel gerade für solche Frauen mit einem ungeheuren Wertgefälle verbunden. Es sei denn, eine Frau erreicht durch ihre Heirat einen prestigemäßig höheren Status, sei es von der Arztgehilfin zur Arztfrau, der Studentin zur Professorengattin oder der Sekretärin zur Direktorengattin usw.

Sozial abgesichert ist die Vollmutter nur über ihren Ehemann. Nach einer Scheidung merkt sie erst im Rentenalter, daß die Betreuung der Kinder und pflegebedürftigen Familienangehörigen ihr nicht als Eigenleistung angerechnet wird.

Die heutige Scheidungsregelung in den meisten Ländern rechnet mit einer ökonomisch selbstabgesicherten Berufsfrau. Die Schule und die gesellschaftliche Haltung gegenüber der Kinderbetreuung geht aber vom Bild einer vollumfänglich zur Verfügung stehenden Familienmutter aus.

Die Mutter kann tun oder lassen, was sie will, berufstätig sein oder nicht: ›falsch‹ ist es sowieso. Sie wird in jedem Fall irgendwie bestraft, mit Verachtung, mit Schuldgefühlen oder mit totaler Überlastung. Und das verzwickte an der Sache ist, daß dies nicht einfach Ergebnis einer männlichen Verschwörergemeinschaft ist, sondern, daß auch

Frauen sich anderen Frauen gegenüber ähnlich widersprüchlich verhalten.

Wieso entstand nun aber dieser Zwiespalt zwischen sein, sollen und wollen?

In der letzten Hälfte des 20. Jahrhunderts hat die europäische Gesellschaft einen fundamentalen Wandel durchgemacht. Freigesetzt aus den historisch festgefügten Bindungen von Religion, Kultur und Verwandtschaft, besitzt der europäische Mensch heute eine große individuelle Gestaltungsfreiheit. Der damit zusammenhängende Wandel in der Erziehung, bei der das Individuum im Zentrum steht, hat die Lebensplanung und Lebensbedingungen von Frauen tiefgreifend verändert.

Es ist naiv zu glauben, dies könnte für Frauen ohne Folgen geblieben sein.

Heute gibt es für die europäische Frau vielfältige Möglichkeiten, ihr Leben zu gestalten. Sie hat viel mehr Freiraum und Selbständigkeit als jede Frauengeneration vor ihr.

Es war nur eine Frage der Zeit, daß die Frau sich nicht mehr nur als Teil der Familie, sondern, wie der Mann, als Individuum innerhalb der Familie begreifen würde. Und dieser Wandel ist heute sehr lebhaft im Gange und führt unweigerlich zu Konflikten und Widersprüchen. Die vermehrte Berufstätigkeit der Frauen ist eine konsequente Folge dieses Wandels, nicht aber dessen Ursache.

Das Leitbild der Mutter und Hausfrau steht auf wackligen Füßen, und kaum eine junge Frau traut sich heute noch, nur einseitig auf die Ehe als Altersversicherung zu bauen.

Die Hausfrauenlaufbahn ist deshalb für sie keine ernsthafte Perspektive mehr. Frauen, die heute noch begeistert die Hausfrauen- und Mutter-Laufbahn wählen, sind meistens in traditionelle religiöse oder kulturelle Gemeinschaften eingebettet – also auf ihre Weise ›Aussteigerinnen‹.

Die Widersprüchlichkeit der Erwartungen, mit denen Frauen und Mütter heute leben, führt zu Konflikten, deren Lösung immer noch schwierig scheint. Einerseits hat die Mutter als Individuum ein Recht auf Selbstbestimmung und Selbstentfaltung und andererseits erwartet die Gesellschaft von ihr, daß sie innerhalb der Familie auf ihre

Selbstbestimmung verzichtet, um sicherzustellen, daß alles beim alten bleibt.

Schuldgefühle fangen an, wenn eine Frau merkt, daß sie Erwartungen, auch die eigenen, nicht erfüllen kann.

Beim Zusammenprall solcher Erwartungen muß es zu einem Konflikt kommen, der folglich Schuldgefühle auslöst.

Allerdings produzieren wir oft Schuldgefühle selbst, indem wir meinen, Erwartungen erfüllen zu müssen, die niemand offen an uns heranträgt.

Der Konflikt ist nicht lösbar, solange nur die Frau sich auf den Wandel der Gesellschaft einstellt, die Ansprüche der Gesellschaft an sie aber gleichbleiben.

Solange Männer die Hausarbeit und die Betreuung der Kinder und Gebrechlichen nicht so ernst nehmen, daß sie sie auch selber machen würden, solange wird diese Arbeit in unserer Gesellschaft keine echte Achtung erzielen.

Es geht nicht an, den Frauen im Beruf und in der Politik mangelnden Einsatz vorzuwerfen, weil sie nicht immer verfügbar sind oder sein wollen, und ihnen gleichzeitig die Schuld zuzuweisen, wenn in der Ehe oder mit den Kindern etwas schief läuft.

Sobald Männer die Haus- und Familienarbeit so ernst nehmen, wie die Frauen die berufliche und politische Arbeit, können Frauen zu Hause auch leichter loslassen, weil für die Kinder in ihrer Abwesenheit bestimmt gut gesorgt ist.

Nachdem sich die Frau in jüngster Zeit in der Familie zum Individuum mauserte, liegt es nun beim Mann, die Wichtigkeit der Haus- und Familienarbeit anzuerkennen und die Erkenntnis in die Tat umzusetzen; die alten, unzeitgemäßen Ideale der dienenden Ehefrau aufzugeben und wenn nötig selbst Hand anzulegen. Erst dann ist der Weg wirklich offen für die Frau Ministerin, Frau Professorin oder Frau Direktorin – mit oder ohne Kinder!

Doch die Frauen warten diese Zeit nicht passiv ab. Sie haben in der Zwischenzeit eigene Freiräume wahrgenommen. Frauenforscherinnen haben eine andere Seite der Geschichte sichtbar gemacht, die bisher verschwiegen wurde: die Leistungen und die Geschichte der Frauen! Die Frauen können selber einen eigenen Standort ausmachen. Es geht vielen Frauen heute nicht mehr darum, die Welt wie bisher unhinterfragt zu übernehmen und einfach mit den Männern gleichzuziehen. Nicht alle bisher als männlich bezeichneten Werte sind für Frauen nachahmungswürdig und erstrebenswert. Heute entwickeln viele Frauen eigene Lebensformen und eine eigene Kulturkritik, die auch nicht vor Frauen haltmacht.

Viele Frauen verlangen damit, daß die Organisation der Gesellschaft neu überdacht wird. Sie verlangen ein ganzheitliches Denken, das die weiblichen Bedürfnisse genauso einbettet wie die männlichen, das Kinder und Arbeit, alt und jung, gesund und krank, Leben und Tod miteinander in Berührung und Bewegung kommen läßt und nicht weiterhin auseinanderreißt. Sie verlangen, daß alles vereint bleibt, um einen Lebenssinn zu machen. Diese Gedanken sind nicht neu, Männer und Frauen aus früheren Jahrhunderten haben dies immer wieder postuliert, doch scheint in der letzten Hälfte des 20. Jahrhunderts die Zeit wieder reif zu werden, solchen Lebensphilosophien Gehör zu schenken.

Doch trotz Freiräumen und eigenen weiblichen Idealen: Die Realität als Mutter in der heutigen Gesellschaft ist kein Zuckerschlecken. Muttersein bedeutet heute noch ein Lavieren zwischen den widersprüchlichsten Erwartungen. In diesem Buch habe ich versucht, einige auffällige Widersprüche nachzuzeichnen, und zwar diejenigen, die meiner Meinung nach am stärksten mit dem Muttersein zusammenprallen. Diese Widersprüche finden sich im Alltag, im politischen, kulturellen und psychologischen Bereich.

Daß in dieser Welt der Widersprüche Unsicherheit entsteht, ist klar. Und daß sich unsichere Menschen schnell schuldig fühlen, ist ebenso verständlich.

Gab es früher ein starres System von moralischen und religiösen Regeln, die den Eltern klar vorschrieben, wie sie sich zu verhalten hatten, so haben Eltern, vor allem Mütter, heute oft das Gefühl, fast alles falsch zu machen.

Sie stehen verwundert vor ihrem Kind und seiner Persönlichkeit, das sie jahrelang zum Mittelpunkt ihres Lebens gemacht haben, und fragen sich: Was habe ich da angerichtet? Wo ist dieses ausgeglichene, gescheite, rücksichtsvolle, friedfertige Kind, zu dem es durch verständnisvolle und liebevolle Erziehung mit Sicherheit hätte werden sollen?

Entspricht das Kind nicht den Vorstellungen, fühlt sich die Mutter schuldig, da sie ja ihre Erziehungsmethode gewählt hat und die Verantwortung nicht auf eine höhere Autorität abschieben kann. Die Wahlfreiheit macht die Mutter unfrei, solange die Gesellschaft als selbsternannte höhere Autorität immer noch nach patriarchalen Schwerpunkten bewertet, was falsch und was richtig ist, aber keine Verantwortung mitträgt.

Und sogar in den wenigen Ausnahmefällen, in denen sich die Väter an der Kindererziehung und am Haushalt partnerschaftlich beteiligen, sind die Mütter nicht gefeit gegen Schuldgefühle. So privilegiert diese Situation auch scheint, so oft sie in politischen Strategiepapieren und Theorien propagiert wird, Frauen die so leben, haben trotzdem ein schlechtes Gewissen. Warum?

Eine Sprachtherapeutin, die mit ihrem Ehemann, einem Lehrer, Berufsarbeit und Familienarbeit zu gleichen Teilen ausübt, erklärt, daß sie trotzdem immer noch die Anlaufstelle sei für alle unangenehmen Situationen, die mit ihren Kindern zusammenhängen. »Besonders wenn etwas klemmt. Immer kommen alle zuerst zu mir, ob die Kinder selbst oder Erwachsene, die wegen der Kinder mit mir etwas besprechen wollen.«

Selbstkritisch weiß sie auch warum: »Ich bin selber schuld. Ich bin immer diejenige, die zuerst rennt, ich mache schon Konzessionen, bevor jemand etwas von mir will.«

Und warum macht sie dies, wollte ich von ihr wissen? »Ich habe bisher noch nicht entschieden, ob ich es ertragen könnte, wenn meine Kinder meinen Mann lieber hätten, das heißt zuerst zu ihm laufen würden statt zu mir.«

Dies ist wahrlich eine verzwickte Situation. Heute kommt die Frau nicht mehr darum herum, über diese Frage nachzudenken. »Will ich mich ernsthaft darauf einlassen, will ich in Kauf nehmen, nur eine von mehreren Bezugspersonen und nicht die Hauptbezugsperson zu sein?« Solange sie sich da nicht entscheidet, wird sie sich auch als Mutter-Berufsfrau mehr belasten, als dies ihr Partner tut, weil sie dauernd rennt, dauernd bemüht ist, die Hauptbezugsperson zu bleiben.

Ein Kind abzugeben, wirklich abzugeben ist schwer. Es ist nicht so einfach, wie es oft klingt. Durch die Abhängigkeit eines Menschen, nicht nur durch die eines Kindes, fühlen wir uns aufgewertet. Auch wenn sich die eigenen Kinder aus der mütterlichen Abhängigkeit lösen, bekamen wir in der kurzen Zeit dieser Abhängigkeit ein angenehmes Gefühl des Gebrauchtwerdens und der Wichtigkeit vermittelt.

Gibt nun ein Mann seine Karriere wirklich auf und setzt gleich viel Zeit und Aufwand für die Kinder ein, dann tritt er auch zu unserer mütterlichen Beziehung zu den Kindern in Konkurrenz.

Wenn wir Frauen wirklich ernst machen wollen mit der Arbeitsteilung, dann müssen wir uns im klaren sein, daß dies auch die Beziehung innerhalb der Familie verändern kann: die Beziehung von Mutter und Kind, von Vater und Kind ...

Parallel zur Forderung, daß sich Männer mehr am Hausarbeits- und Mutteralltag beteiligen, müssen wir Frauen wieder lernen, unsere Kinder abzugeben, anderen anzuvertrauen, sie selbständig werden zu lassen, sie eigene Beziehungen aufbauen zu lassen.

Viele Leserinnen haben sich vielleicht gewundert, daß im ganzen Buch vom Thema ›Vater‹ so wenig die Rede war? Dafür gibt es eine ganz einfache Erklärung. Väter kommen in der Familien-Realität kaum vor. Dies ist eine Spiegelung der Realität, ob es uns nun paßt oder nicht.

Doch trotz ihrer Abwesenheit sind Väter ein Hauptthema bei Kindern, Müttern und Mütterzirkeln. Auch wenn Väter physisch abwesend sind, geben viele Mütter ihrem Kind tagsüber den Eindruck, die Väter seien dauernd da, und zwar als moralische Autoritäten.

»Laß das, Papa würde das bestimmt nicht gefallen.«

»Komm Schätzchen, nur noch ein Löffelchen für Papa.«

»Was meinst du, wird Papa dazu sagen?«

»Nein, Papa will nicht, daß du an seinem Schreibtisch sitzt.«

Die Mutter hat das Bild der väterlichen Autorität so sehr verinnerlicht, daß sie ihren Partner auch in seiner Abwesenheit zu diesem Zweck ›benutzt‹. Dies ist eine Folge davon, daß viele Mütter nicht ihrer eigenen Urteilskraft vertrauen. Es ist auch bequemer, den ›bösen‹ Teil der Erziehung auf den Vater abzuschieben.

Auch hier gilt es für uns Mütter, uns zu lösen und unseren eigenen, unabhängigen Weg zu finden. Es liegt auch nicht an uns, die Väter zu ändern. Sie machen es erst, wenn sie es selbst wollen oder müssen.

Väter haben nämlich selbst eine bestfunktionierende Lobby, ein richtiges Werbesystem. *Ein* einziger praktizierender Vater auf 1000 andere Väter reicht, um einen Trend der neuen Väterlichkeit aufkommen zu lassen. Väter scheinen auch eine eigene Zeitrechnung zu haben. Zwei Stunden Museumsbesuch oder ›Ausflug mit Kind‹ am Wochenende berechtigen den Vater, sich sofort nach der Heimkehr zurückzuziehen mit dem befriedigenden Gefühl, seine Hälfte der elterlichen Pflicht geleistet zu haben. Die restlichen 46 Stunden sind die mütterliche Hälfte. Und dies unabhängig davon, ob die Mutter berufstätig ist oder nicht.

Der Vater ist des Lobes gewiß, und nicht wenige Mütter sind wirklich froh, wenn sich der Vater wenigstens eine Stunde am Wochenende mit dem Kind allein abgibt.

Man kann zu Statistiken und Untersuchungen stehen wie man will, alle sind sich aber darin einig, daß die väterliche Mitarbeit gerade bei berufstätigen Müttern viel zu wünschen übrig läßt. Doch auch wir Mütter selbst sollten uns bewußt sein, daß 50 Prozent *nur* die Hälfte sind!

Natürlich ist es gut, daß heute immer von ›Eltern‹ die Rede ist. Daß Experten und Expertinnen heute immer von ›Eltern‹, von ›Vätern und Müttern‹ reden, läßt durchblicken, daß eigentlich beide Elternteile sich für die Betreuung verantwortlich fühlen sollten, verschleiert aber gleichzeitig die realexistierende Situation.

Es sind die Mütter, die im Alltag versuchen, den Ansprüchen, die an beide Eltern gestellt werden, allein nachzukommen. Wenn ein Kind Erfolg hat – welche Mutter kennt das nicht – dann ist es Vaters Kind. Aber nur dann. Sobald es versagt oder etwas anstellt, hat die Mutter das Kind schlecht erzogen, verwöhnt oder vernachlässigt.

Väter scheinen selten die Schuld bei sich zu suchen, denn ihr väterlicher Beitrag scheint oft schon allein mit dem Heimbringen des Lohns abgegolten zu sein.

Väter fühlen sich offensichtlich fast nie schuldig oder unzulänglich, weil sie sich durch ihre ›Abwesenheit‹ auch keiner gemachten Fehler bewußt sind.

Mütter werden nicht darum herumkommen, beharrlich darauf zu bestehen, die Väter mehr an der Erziehungsarbeit zu beteiligen und sie mit den Alltagsproblemen ihrer Kinder zu belasten.

Wie viele Erwartungen an die Väter gestellt werden können, haben wir Frauen noch gar nicht ausprobiert. Daß die Mutter von vornherein annimmt, der Vater interessiere sich nicht für das Innenleben des Kindes, ist einerseits verständlich, weil bisher die Erfahrungen der Frauen in dieser Richtung bestätigt wurden. Wie oft ist der Vater am Eßtisch geistig abwesend und spricht nur von seinen Erlebnissen und Eindrücken des Tages. Die Frage »Was gibt es Neues?« ist kaum ernst gemeint, Details interessieren ihn nicht, außer sie betreffen seine eigene Person.

Es könnte aber auch einfach ein Vorurteil sein, anzunehmen, Väter interessierten sich nicht ernsthaft für Details. Es geht heute darum, auszuprobieren, was man wirklich voneinander erwarten kann.

Der Vater wird noch immer viel zu sehr aus der Diskussion über die Entwicklung des Kindes ausgeschaltet – von uns Müttern. Wir müssen lernen, mit Vätern über Probleme im Zusammenhang mit den Kindern zu reden. Und gleichzeitig Väter über die Wichtigkeit von Details im Familienalltag aufzuklären.

Ich kann als Mutter ruhig darauf beharren, den Vater zu fragen, weshalb sein Sohn oder seine Tochter sich so oder so verhält. Weshalb das Kind trotzt oder aggressiv ist, weshalb es in letzter Zeit so unkonzentriert ist, weshalb es abends nicht einschlafen will, und andere scheinbar für Väter so lästige Fragen, die ihn jedoch durchaus etwas angehen. Der Vater muß eine Antwort geben, er muß sich gezwungenermaßen nochmals hinsetzen und darüber nachdenken und Lösungen mitüberlegen – auch wenn der Abend noch so gemütlich gewesen wäre ohne dieses Problem.

Es ging mir in diesem Buch nicht darum, nur die schlechten Seiten des Mutterdaseins zu thematisieren. Ich wollte dem bisherigen Mutterbild, das oft einseitig positiv gezeichnet wird, noch ein paar fehlende Puzzlestückchen hinzufügen – ein paar Zusammenhänge in Erinnerung rufen, die wir oft vergessen.

Es geht nicht mehr an, daß man heute im Zeitalter des aufgeklärten und vielseitig informierten Menschen einseitig bei jeder unerklärlichen menschlichen ›Fehlentwicklung‹ mit dem Finger auf die Mutter zeigt und sagt: »Am Anfang stand die Mutter, also ist sie schuld«. Irgendwann sollten wir Menschen erwachsen werden und dazu stehen, daß wir nicht einerseits mit unserem Hirn fähig sein können, bisherige Grenzen der Menschheit zu durchbrechen und das Weltall zu erobern, und andererseits bei jeder unerklärlichen Schwierigkeit im persönlichen Bereich als hilflose Opfer mütterlicher Prägung zu erscheinen. Ist diese Art zu denken nicht eine Beleidigung für das Denkpotential und die Lernfähigkeit des Menschen?

Sollen die Freiräume, die wir Menschen uns dank unseres Denkvermögens geschaffen haben, unter diesem Aspekt nur so lange als selbstgemacht angesehen werden, solange alles nach Plan und Wunsch läuft? Kaum gibt es jedoch Probleme, versagt dieses Denken plötzlich, und wir fühlen uns lediglich als hilfloses Opfer des Schicksals – der Mutter?

Wo, bitte, bleibt hier die Logik?

Schlußbemerkung:
Lassen sich Schuldgefühle abschaffen?

Sicher, Sie haben recht, Schuldgefühle lassen sich nicht einfach durch das Lesen eines Buches zum Verschwinden bringen. Auch wenn wir lernen, mit unseren Schuldgefühlen umzugehen, so bleiben deswegen die alltäglichen, wirklich existierenden Probleme mit Kindern und Jugendlichen weiterbestehen.

Immer wieder sind wir konfrontiert mit Situationen und Verhaltensweisen unserer Kinder, die in irgendeiner Art von der erwarteten Norm abweichen. Und immer wieder denken wir Mütter: »Irgend etwas habe ich falsch gemacht.«

Vielleicht hilft es mir als Mutter in einem solchen Moment aber, wenn ich sehe, daß ich nicht allein in dieser Situation bin, daß ich nur ein Teil der Gesellschaft bin, mit der sich mein Kind auseinandersetzen muß. Und vielleicht hilft das Wissen, daß es wirklich noch nie in der Menschheitsgeschichte eine Müttergeneration gab, die sich so intensiv mit ihren eigenen Kindern und deren Erziehung befaßt hat wie die Mütter des 20. Jahrhunderts.

Und all diese Menschen, die früher gelebt haben, waren bestimmt nicht *alle* kaputt oder anormal, weil ihre leiblichen Mütter sich weniger um sie kümmerten.

Wir Mütter sollten uns ab und zu bewußt machen, daß wir in einem kulturellen und historischen Zusammenhang einen Teil des Einflusses darstellen, der auf unsere Kinder einwirkt, nicht mehr und nicht weniger!

Schuldgefühle lassen sich nicht abbauen, wenn wir nicht gleichzeitig auch die Erwartungen abzubauen versuchen, die wir und andere an uns stellen. Wir sind nicht besser als der Rest der Welt, aber auch nicht schlechter.

Ich bin als Mutter auch nicht überzeugt davon, daß ich alles richtig mache, doch weigere ich mich, deswegen dauernd ein schlechtes

Gewissen zu haben. Ich nehme mir das Recht heraus, etwas falsch zu machen und meine Meinung im Laufe des Lebens – je nach gemachten Erfahrungen – zu ändern. Dasselbe erwarte ich auch von meinen Kindern.

Rezepte gibt es nicht. Aber wenn uns Schuldgefühle zu sehr beißen, ist es manchmal ratsam, sich einige Punkte klarzumachen oder wieder in Erinnerung zu rufen:

– Ein guter Anfang wäre – und das finde ich besonders wichtig –, daß wir Mütter voll zu dem stehen, was wir im Moment machen. Ob wir berufstätig sind oder Ganztags-Hausfrau, es muß für uns stimmen und nicht für die anderen! Wenn eine Frau Mutter ist und dennoch auch vom Kind unabhängigen Bedürfnissen nachgeht, ist das völlig normal. Es hat nichts mit Egoismus zu tun, wie man uns oft einreden will.

– Wichtig ist auch die Unterstützung des Lebenspartners oder der nächsten Angehörigen. Wenn unsere liebsten Menschen uns Mütter ernst nehmen mit dem, was wir tun oder lassen, und der Partner hinter unserer Entscheidung steht, zu Hause zu bleiben oder berufstätig zu sein, müssen wir uns nicht dauernd unter dem Druck der Erwartungen schuldig fühlen.

– Es ist kein Makel, Vollmutter sein zu wollen: Ein männlicher Erzieher, der 3-4 Kinder in seiner Gruppe hat, macht daneben nichts mehr. ErzieherIn ist ein anerkannter Beruf. Eine Frau mit Kindern, seien es eigene oder auch noch zusätzlich Pflegekinder, schmeißt daneben den ganzen Haushalt, ›managt‹ die Familie und hat als Chefsekretärin alle Termine der Familienmitglieder im Kopf. Ist das nichts?

– Viele Mütter haben dauernd Angst, das Kind falsch zu prägen: Hier müssen wir uns klarmachen, daß die Mutter nur *ein* prägender Faktor unter vielen ist und nicht allein die ganze Persönlichkeit des Kindes beeinflussen kann. Nach dem heutigen Wissenstand scheint Prägung auch davon abzuhängen, wie oft oder in welchem Zusammenhang wir Menschen dieses prägende Erlebnis erfahren haben.

Und schließlich kann der Mensch dank seiner Flexibilität und Denkfähigkeit im Leben oftmals umlernen. Wir wissen selbst, wie oft wir eingeprägte Erfahrungen von früher relativiert oder rückgängig gemacht haben – im Positiven wie im Negativen. Manche Erwachsene berufen sich, wenn sie Probleme haben, auf ihre ›schwierige‹ Kindheit und weisen der Mutter die Schuld zu. Solche Ausreden sind zugegebenermaßen bequem, wenn man die Verantwortung für das eigene Leben nicht übernehmen will. Eigenartigerweise scheint sich nämlich der mütterliche Einfluß nur im Negativen bemerkbar zu machen. Mir ist noch nie aufgefallen, daß erfolgreiche und zufriedene Menschen ständig betonen: »Meine Mutter ist die Ursache dafür, daß es mir heute so gut geht!«

– Wenn wir das Kind als eigene Persönlichkeit akzeptieren, fällt es uns leichter, seiner Lernfähigkeit zu trauen. Das Kind hat seine eigenen Wertmaßstäbe und wird je nach Veranlagung später die Kindheit und das Verhalten seiner Eltern in seinem Sinne interpretieren. Was ihm dabei negativ aufstößt, ist vielleicht gar nicht das, was wir Eltern im voraus befürchten, und was ihm positiv bleibt, ist uns vielleicht als negativ oder banal in Erinnerung oder ganz einfach entgangen.

– Der Vergleich mit der Tierwelt und die Argumente von Instinkt und Natur sind beliebig interpretierbar. Es gibt keinen stimmigen Vergleich in bezug auf die Menschenmutter mit der Tiermutter. Die Primatenmutter, die dem Menschen am nächsten kommt, ernährt sich während ihres ganzen Lebens und auch schon während der Stillzeit selbständig, ist nicht wie die Menschenmutter des 20. Jahrhunderts Jahre über die Stillzeit hinaus nur von ihrem Partner abhängig.
Wäre die Menschenmutter nicht auch selbsterhaltend ›eingerichtet‹ wie ihre Primaten-Verwandte, wäre die Menschheit schon längst ausgestorben. Um Menschenjunge großzuziehen und zu versorgen – in der westlichen Kultur hat sich diese Zeitspanne heute auf fast 20 Jahre verlängert –, reicht Instinkt allein nicht mehr aus.

– In den meisten, wenn nicht in allen europäischen Ländern außerhalb des deutschen Sprachraums sind Kinder tagsüber in den Schulen, auch während der Mittagszeit. Diese Kinder werden auch ohne mütterliches Mittagessen zu gesunden und normalen Erwachsenen. Die Menschen in diesen Ländern sind weder dümmer noch unglücklicher als deutsche oder schweizerische Kinder, denen man nur bei mütterlicher Rund-um-die-Uhr-Fürsorge ein gesundes Gedeihen verspricht.

– Der Aufbau eines festen, konstanten Bezugsnetzes für die Eltern und für die Kinder hilft sehr, Verunsicherungen und Ängste zu relativieren.
Ein Kind nicht nur für sich zu behalten, heißt auch, ihm die Möglichkeit und Freiheit geben, seine Liebe und sein Vertrauen auf andere Menschen auszuweiten, außerhalb des mütterlichen Bereichs.

– Kinder, die von konstanten, freundlichen Personen fremdbetreut werden, sind keine verwahrlosten armen Kinder: Die heutigen Kinderbetreuungseinrichtungen sind keine lieblosen Waisenhäuser aus dem 19. Jahrhundert.
Kinder sind auch keine Privatsache, sondern die Zukunft unserer Gesellschaft. Mit dem Ausbau von familienergänzenden Kinderbetreuungs-Einrichtungen kann die Gesellschaft den Kindern einige durch die veränderten Lebensformen verlorengegangene Freiräume ersetzen und den Müttern etwas Freiraum und Distanz schaffen.
Die Eltern-Kind-, die Mutter-Kind-Beziehung ist vielfach sehr emotional geladen. Deshalb ist es oft gut für das Kind, zusätzliche Bezugspersonen zu haben, denen es seine Probleme anvertrauen kann – Probleme, die es mit den eigenen Eltern aus Scham, Sorge oder anderen Gründen nicht besprechen will.

– Ein einzelner Mensch kann auch bei vollem Einsatz und totaler Selbstlosigkeit nie alle Bedürfnisse eines anderen Menschen vollständig erfüllen.
Eine Mutter kann also weder im Positiven noch im Negativen ›alles‹ für ihr Kind sein. Das Kind hat seine eigene Veranlagung, Empfänglichkeit und seinen eigenen Willen.

– Das Mutterbild, wie es heute existiert, ist nicht eine ›natürliche‹ Sache oder von Gott gegeben. Es ist von Menschen gezeichnet und ein historisch erklärbares Mittel zum Zweck. Es hat sich aus den Bedingungen des 19. Jahrhunderts entwickelt und entspricht der Realität von damals.
Wir, Frauen wie Männer, müssen uns fragen, ob wir noch an diesem Mutterbild festhalten wollen und können.

– Überall, wo es Menschen gibt, gibt es auch Probleme. Das ist so seit Menschengedenken.
Wir müssen lernen, daß jedes Kind Anlaß zu Sorge und Ärger gibt. Wir müssen uns zuliebe lernen, dies nicht gleich als Schuldzuweisung zu erleben. Wir müssen auch anfangen, über unser schlechtes Gewissen zu reden.

– Wir können auch von den Vätern etwas lernen. Väter schauen sich die Probleme oft viel distanzierter an. Nicht zuletzt, weil sie nicht dauernd um die Kinder rum sind. Ihre erste Reaktion ist selten Selbstbeschuldigung.
Wir sollten uns manchmal von der väterlichen emotionalen Distanz ein Stück abschneiden und lernen, uns unseren Kindern und Partnern gegenüber emotional etwas mehr zu distanzieren, um uns nicht so schnell erpressen zu lassen. Männer, nicht nur Väter, werden hingegen nicht schlecht daran tun, zu lernen, sich gefühlsmäßig mehr auf Beziehungen einzulassen.

– Jeder Mensch, der sich umschaut und sieht, unter welchen Bedingungen Kinder heute aufwachsen, muß erkennen, daß eine Person allein – in diesem Falle die Mutter – nicht für alles verantwortlich gemacht werden kann. Die Mutter ist keine Zauberfee, die in einer ungesunden Gesellschaft gesunde Kinder hervorzaubern kann. Eine neurotische Gesellschaft hat nicht nur neurotische Mütter, sondern auch neurotische Väter!

– Die meisten Kinder – auch Kinder von ›Nicht-Bilderbuch-Müttern‹ – werden zu gesunden Erwachsenen! Kinder sind weitaus robuster und widerstandsfähiger, als man uns glauben machen will.

– Experten sind Menschen wie andere auch. Auch sie können sich irren. Auch sie haben gestörte Kinder. Die ideale Erziehungsmethode wurde bis heute noch nicht gefunden.

Und doch lassen wir uns immer wieder irritieren. Auch Mütter sind Expertinnen. Expertinnen mit einem gesunden, praktischen Menschenverstand, mit einer Vielseitigkeit und praktischen Erfahrungen, mit einer Sensibilität, die in Labors nicht messbar ist, die aber heute oft in ärztlichen Praxen wieder ernster genommen wird.

– Ein schlechtes Gewissen zu haben, ist nicht immer nur schlecht. Die sorgenvollen, schlaflosen Nächte, das Unbehagen von uns Müttern, sind zweifellos nicht toll für uns. Doch nur so kommen wir als Mütter zu einem anderen Empfinden und zu neuen Einsichten. Durch die Auseinandersetzung mit einem Problem entwickelt sich ein sensibles Gespür für die Bewältigung vielfältiger Probleme zwischenmenschlicher Beziehungen. Dies zeigt auch die Notwendigkeit, viel Zeit für Gespräche über Beziehungen und Kinder aufzubringen.

Es ist wichtig, daß ich mir klar darüber werde, daß ich als Mutter nicht alles, was mein Kind betrifft, selbst in der Hand habe, daß viele andere Faktoren außer mir auch eine Rolle spielen. Es ist auch wichtig, daß ich mir als Mutter sage: »Ich habe den Umständen entsprechend mein Bestes getan. Schließlich ist kein Mensch ohne Fehler.«

Dennoch sind Schuldgefühle nicht so leicht zum Verschwinden zu bringen. Doch vielleicht bringt es etwas, wenn ich als Mutter die Schuldgefühle produktiv nutzen kann? Das schlechte Gewissen zeigt uns, daß etwas nicht stimmt. Es zeigt neuralgische Punkte zwischen uns und unserer Familie oder unseren Kindern.

Ich kann nämlich in einem solchen Moment auch überlegen, weshalb ich nun schon wieder Schuldgefühle empfinde. Ich kann darüber nachdenken, welchen Erwartungen ich denn entsprechen will. Sind es die Bedürfnisse des Kindes, die meiner Umgebung oder meine eigenen, die mein Gewissen so zum Beißen bringen?

Das schlechte Gewissen zeigt aber auch, daß wir sensibel reagieren auf Bedürfnisse anderer.

Schuldgefühle können produktiv genutzt werden und Veränderungen bewirken – in und um uns!

Anmerkungen

TEIL 1
Das Jahrhundert der Gleichberechtigung: Ernüchterung

1 Das alltägliche Schuldgefühl

1 Grossmann, Karin: »Ist Kindheit doch Schicksal?« In: *Psychologie Heute*, August 1991, S. 24.

2 Die Normalbiographie der Frau: Ideal und Realität

1 Schabel, Helga: »Mädchen lernen kochen, Buben Geometrie«. In: *ST. GALLER TAGBLATT*, 17.9.1988.
2 Grossenbacher, Silvia: »Vom Eherecht zur feministischen Familienpolitik«. In: *emanzipation*, Nr.9/85, S. 10.
3 Metzger, Dagmar: »Der neue Konservatismus junger Frauen«. In: *Psychologie Heute* Spezial, Frauen Heft 2/90, S. 44.
4 Caritas Studie. Luzern 1989.
5 Bundesamt für Industrie, Gewerbe und Arbeit.

3 Die Domestizierung der Mütter

1 Beck-Gernsheim, Elisabeth: *Vom Geburtenrückgang zur Neuen Mütterlichkeit?* Frankfurt a.M. 1985, S. 169.

4 Die Hausfrau, das wertlose Wesen

1 Köchli, Yvonne-Denise: »Der unbezahlte Trumpf in seiner Hand«. In: *WELTWOCHE*, Nr. 28/91.
2 Gujer/Hunziker/Hungerbühler 1982; Hungerbühler 1988; Studie Schweizerischer Frauenorganisationen 1989.

5 Supermutter oder faules Ei?

1 Mitscherlich, Margarete: *Die friedfertige Frau*, Frankfurt a.M. 1985, S. 170.
2 Hungerbühler, Ruth: »Lieber jung und schön als alt und häßlich«. In: *Das Rote Heft*, Heft 1/1990, S. 3.

6 Die Lust aufs Muttersein

1 Schmerl, Christiane: »Der Kinderwunsch und ›die Natur‹ der Frau«. In: Interdisziplinäre Forschungsgruppe Frauenforschung (Hrsg.): *LA MAMMA*, Köln 1989.

2 Demos, John, zit. aus: Beck-Gernsheim, Elisabeth: *Die Kinderfrage*, München 1988.

3 Grossenbacher, Silvia: *Familienpolitik und Frauenfrage in der Schweiz*, Zürich 1987.

TEIL 2
Mütterlichkeit im historischen Wandel

1 Rousseaus Erbe

1 Stör = Freiberufliche ohne eigene Werkstatt, die zu ihren Kunden nach Hause arbeiten gingen und somit die Zunftordnung ›störten‹.

2 Shorter, Edward: »Der Wandel der Mutter-Kind-Beziehungen zu Beginn der Moderne«. In: *Geschichte und Gesellschaft*, H. 2/3, 1. Jg. 1975, S. 269.

3 Pfeufer, C.: »Über das Verhalten der Schwangeren, Gebärenden und Wöchnerinnen auf dem Lande, und ihre Behandlungsart der Neugeborenen und Kinder in den ersten Lebensjahren«. In: *Geschichte und Gesellschaft*, H. 2/3, 1. Jg. 1975, S. 259.

4 Rosenbaum, Heidi (Hrsg.): *Seminar: Familie und Gesellschaftsstruktur*, Frankfurt a.M. 1978.

5 *Buch 1 Mose*. 3.4.

6 Brüning, Karl: *Die Sache mit dem Apfel*, Freiburg 1972; Fester/König/Jonas/Jonas: *Weib und Macht*, Frankfurt a.M. 1979.

7 Perera, Sylvia Brinton: *Der Sündenbock Komplex*, Interlaken 1987, S. 124.

8 Groult, Benoîte: *Ödipus' Schwester*, München 1985, S. 48.

9 Badinter, Elisabeth: *Die Mutterliebe*, München 1981, S. 19.

10 Groult 1985, S. 47.

11 Aristoteles, *De Generatione Animalium*, Buch 4.6, London 1943.

12 Pegis, A.C. (Hrsg.): *Basic Writings of St. Thomas Aquinas*, New York 1948, S. 880.

13 Shorter, Edward: *Der weibliche Körper als Schicksal*, München 1984.

14 ebd., S. 327.

15 Badinter 1981, S. 282.
16 Utrio, Kaari: *Evas Töchter*, Hamburg 1987.
17 Ehrenreich/English: *For Her Own Good*, London 1979.
18 Utrio 1987.
19 Rousseau, Jean-Jacques: *Emile oder über die Erziehung*, Paderborn [9]1989, S. 394.
20 Holmstein, Georg: *Jean-Jacques Rousseau,* Reinbek 1972, S. 60.
21 Utrio 1987 und Groult 1985, S. 52.
22 Rousseau [9]1989, S. 408.
23 ebd. S. 399.
24 Badinter 1981, S. 217.
25 ebd.

2 Der Wandel der Familienstruktur

1 In Frankreich wurde ein Mann, wenn er sich zum Beispiel von seiner Frau schlagen ließ, bestraft, indem man ihn rücklings auf einen Esel band und durch das Dorf jagte. Erwischte man ihn nicht, so bestrafte man den Nachbarn, der ihn nicht genug überwacht hatte.
2 Zugrundeliegende Literatur: Höpflinger/Erni-Schneuwly 1989; Rosenbaum 1982; LeGoff 1989; Utrio 1987; Stingelin 1982; Badinter 1981; Grossenbacher 1987; *Basler Magazin* 2.6.1990; Lüscher 1989. (Vollständige Angaben siehe Literaturverzeichnis)

3 Den Männern die Gerechtigkeit – den Frauen die Mütterlichkeit

1 Wiener Historikerinnen (Hrsg.): *Die ungeschriebene Geschichte*, Wien 1984, S. 39.
2 Groult 1985.
3 ebd.
4 ebd.
5 Ehrenreich, Barbara: »Frauenalmanach« 1784. In: Wiener Historikerinnen 1984, S. 172.
6 ebd.
7 Cott, Nancy T.: *The bonds of Womenhood*, New Haven 1977. In: Honegger/Heintz (Hrsg.): *Listen der Ohnmacht*, Frankfurt a.M. 1984, S. 37.
8 Hausen, Karin: *Die Polarisierung der Geschlechtscharaktere*, Stuttgart 1976, S. 165.
9 ebd., S. 165.

10 Ehrenreich, Frauenalmanch, 1984, S. 175.
11 Marineau, J. (Hrsg.): *Geheimes Handbuch für Beichtväter*. In: Groult 1985.
12 Lohmeyer, Walther: *Das Lebensbuch der Frau*, Olten o.J., S. 162.
13 Hausen, Karin: »Der deutsche Muttertag 1923-1933«. In: Medick/Sabean (Hrsg.): *Emotionen und materielle Interessen*, Göttingen 1984.
14 ›Verbandszeitung Deutscher Blumengeschäftsinhaber‹, 1923. In: Hausen, »Der deutsche Muttertag 1923-1933«.
15 ebd.

TEIL 3
Mütter zwischen pädagogischen und psychologischen Ansprüchen

1 Die Psychologisierung der Kindererziehung

1 Stettbacher, J. Konrad: *Wenn Leiden einen Sinn haben soll*, Hamburg 1990.
2 ebd.
3 Beck-Gernsheim 1988, S. 94.
4 Küng, Emil: »Kapitalbildung und Wirtschaftswachstum«. In: *Schweizerische Zeitschrift für Volkswirtschaft und Statistik*, 98 (1961), S. 165-184. (Hervorhebungen im Original)
5 Scarr, Sandra: *Wenn Mütter arbeiten*, München 1988.
6 ebd.
7 Watson, J.B. 1928. In: Ehrenreich/English 1979, S. 9-10 u. 205.
8 Ehrenreich/English 1979.
9 Kontos/Walser: ... *weil nur zählt, was Geld einbringt*, Berlin 1979.

2 Berufstätige Mütter – Rabenmütter?

1 Urdze/Rerrich: *Frauenalltag und Kinderwunsch*, Frankfurt a.M. 1981.
2 ebd., S. 69.
3 Hellmich, Andrea: *Frauen zwischen Familie und Beruf*, Stuttgart 1986.
4 Schenk, Herrad: *Die feministische Herausforderung*, München [5]1990.

5 Bowlby, John: »Trennung«. In: Schütze, Yvonne: *Die gute Mutter*, Bielefeld 1986, S. 82.

6 Österreichischer Arbeiterkammertag: *Elternberufstätigkeit und Kindesentwicklung,* Wien 1988.

3 (Ohn-)Macht der Mütter?

1 Pilgrim, Volker E.: *Muttersöhne,* Reinbek 1989, S. 348.

2 Sauer-Burghard, Brunhilde: »... die ›böse Mutter‹ kehrt zurück«. In: *Sozialwiss. Forschung und Praxis für Frauen*, Nr. 17/1986, S. 130.

3 Hagemann-White, Carol: »Macht und Ohnmacht der Mutter«. In: Rommelspacher, Birgit (Hrsg.): *Weibliche Beziehungsmuster*, Frankfurt a.M. 1987.

4 Dinnerstein, Dorothy: *Das Arrangement der Geschlechter*, Stuttgart 1979.

5 Sauer-Burghard 1986, S. 130.

4 Die Überschätzung des mütterlichen Einflusses

1 Mason, M.K., in: Ernst/Luckner: *Stellt die Frühkindheit die Weichen?* Stuttgart 1985, S. 27-28.

2 Koluchova, J., in: Ernst/Luckner 1985, S. 28.

3 Scarr 1988, S. 75.

4 Skolnick, Arlene, in: Caine, Lynn: *Was habe ich bloß falsch gemacht*, Hamburg 1986, S. 220.

5 Mütter: Kläranlagen einer kranken Gesellschaft?

1 Swigart, Jane: *Von wegen Rabenmutter,* München 1991, S. 112.

6 Schuldgefühle: Die Folgen einer widersprüchlichen Gesellschaft

1 Fitoussi, Michèle: *Zum Teufel mit der Superfrau*, München 1991.

2 Urdze/Rerrich 1981.

3 Österreichischer Arbeiterkammertag 1988.

Literatur

(Selbstverständlich sind viele Gedanken und Ideen, die bereits gedacht oder geschrieben wurden, in dieses Buch eingeflossen. Aus Gründen der Lesbarkeit konnten sie nicht immer entsprechend aufgeführt werden. In der Bibliographie jedoch finden sich die wichtigsten Titel, die mich inspiriert, angeregt oder geärgert haben.)

Ariès, Philippe: *Geschichte der Kindheit*, München 1978.

Aristoteles: *De Generatione Animalium*. Buch 2, 4, 185, London 1943.

Bachofen, Johann Jakob: *Das Mutterrecht*. Eine Untersuchung über die Gynaikokratie der alten Welt nach ihrer religiösen und rechtlichen Natur, Frankfurt a.M. 1975.

Badinter, Elisabeth: *Die Mutterliebe*. Geschichte eines Gefühls vom 17. Jahrhundert bis heute, München 1981.

Basler AZ, Nr. 153/1989.

Basler Magazin, 11.1.1986/18.11.1989/2.6.1990.

Beck, Ulrich/Beck-Gernsheim, Elisabeth: *Das ganz normale Chaos der Liebe*, Frankfurt a.M. 1990.

Beck-Gernsheim, Elisabeth: *Vom Geburtenrückgang zur Neuen Mütterlichkeit?* Über private und politische Interessen am Kind, Frankfurt a.M. 1985.

Dies.: *Die Kinderfrage*. Frauen zwischen Kinderwunsch und Unabhängigkeit, München 1988.

Bernardoni, Claudia/Werner, Vera: *Ohne Seil und Haken*. Frauen auf dem Weg nach oben, Deutsche UNESCO-Kommission, Bonn 1987.

Bernstein, Anne C.: *Die Patchworkfamilie*. Wenn Väter oder Mütter in neuen Ehen weitere Kinder bekommen, Zürich 1990.

Bösch, Joseph: *Weltgeschichte von der Aufklärung bis zur Gegenwart*, Zürich 1970.

Borkowsky, Anna/Kästli, Elisabeth/Ley, Katharina/Streckeisen, Ursula: *Zwei Welten – ein Leben*. Berichte und Anregungen für Frauen zwischen Familie und Beruf, Zürich 1985.

Bowlby, John: *Trennung*. Psychische Schäden als Folge der Trennung von Mutter und Kind, München 1976.

Braun, Lily: *Die Frauenfrage*. Ihre geschichtliche Entwicklung und ihre wirtschaftliche Seite. Nachdruck d. Ausg. von 1901, Bonn 1979.

Brazelton, T. Berry: *Und was ist mit den Kindern?* Beispiele, Erfahrungen, Hilfen für berufstätige Mütter und Väter. München 1989.

Brinker-Gabler, Gisela: *Frauenarbeit und Beruf.* Mit Texten von C. Zetkin, L. Braun, Frankfurt a.M. 1979.

Brüning, Karl: *Die Sache mit dem Apfel*, Freiburg 1972.

Buch 1 Mose. 3.4, Luther Bibelübersetzung.

Bundesamt für Industrie, Gewerbe und Arbeit (Hrsg.): *Zur Situation der erwerbstätigen Frau.* Ursachen und Hintergründe der besonderen Probleme bei Berufseintritt, Berufsaufstieg, Berufsunterbrechung und Rückkehr in den Beruf. Schriftenreihe BIGA, Beiträge zur Arbeitsmarktpolitik, Nr. 1, Bern 1990.

Caine, Lynn: *Was habe ich bloß falsch gemacht.* Mütter und ihre Schuldgefühle, Hamburg 1986.

Calonder-Gerster, Anita E.: *Zur Situation der erwerbstätigen Frau.* Schriftenreihe des Bundesamts für Industrie, Gewerbe und Arbeit (BIGA), Bern 1989.

Camenzind, Elisabeth/von den Steinen, Ulfa: *Frauen verlassen die Couch.* Feministische Psychotherapie, Zürich 1989.

Caplan, Paula J.: *Frauen sind keine Masochisten.* Das Ende eines Vorurteils, Zürich 1986.

Caritas: *Arme Frauen in der Schweiz.* Dokumentation 2/89, Studie Luzern 1989.

Carter, Angela: *Nichts heilig.* Feministische Ansichten, München 1990.

Chodorow, Nancy: *Das Erbe der Mütter.* Psychoanalyse und Soziologie der Geschlechter, München 1985.

Dies.: »Family Structure and Feminin Personality«. In: Rosaldo, M.Z./Lamphere, L. (Hrsg.): *Woman, Culture and Society*, Standford 1974.

Dies.: *Rethinking the Family.* Some Feminist Questions, New York 1982.

Christoffel, Judith: *Neue Strömungen in der Psychologie von Freud und Jung.* Impulse von Frauen, Freiburg 1989.

Conradt, Sylvia/Heckmann-Janz, Kirsten: *... du heiratest ja doch!* 80 Jahre Schulgeschichte von Frauen, Frankfurt a.M. 1985.

Cosmopolitan, 1/90.

Cott, Nancy, T.: *The bonds of Womenhood*, New Haven 1977.

courage, Sonderheft Nr. 1/79, Berlin 1979.

Das Rote Heft, Die Frau in Leben und Arbeit, Nr. 1/90, Zürich 1990.

Deutsches Jugendinstitut (Hrsg.): *Wie geht's der Familie?* Ein Handbuch zur Situation der Familien heute, München 1988.

Die Zeit, Nr. 10/1989.

Dinnerstein, Dorothy: *Das Arrangement der Geschlechter*, Stuttgart 1979.

Dix, Carol: *Eigentlich sollte ich glücklich sein.* Hilfe und Selbsthilfe für überforderte Mütter, Zürich 1987.

Dörhöfer, Kerstin/Terlinden, Ulla (Hrsg.): *Verbaute Räume*, Köln 1985.

Dörpinghaus, Eva: *Hausfrau: (K)ein Beruf fürs Leben?* Zürich 1991.

Dies.: *Meine Kinder und mein Chef.* Mütter und Beruf, Zürich 1990.

Dowling, Colette: *Der Cinderella-Komplex.* Die heimliche Angst der Frauen vor der Unabhängigkeit, Frankfurt a.M. 1981.

Dies.: *Perfekte Frauen.* Die Flucht in die Selbstdarstellung, Frankfurt a.M. 1989.

Duby, Georges: *Die Frau ohne Stimme.* Liebe und Ehe im Mittelalter, Berlin 1989.

Ehrenreich, Barbara/English, Deidre: *For Her Own Good.* 150 Years Of The Experts' Advice To Women, London 1979.

Eichenbaum, Luise/Orbach, Susie: *Was wollen die Frauen?* Ein Psychotherapeutischer Führer durch das Labyrinth von Wünschen, Ängsten und Sehnsüchten in Liebesdingen, Reinbek 1986.

Eidgenössische Kommission für Frauenfragen: *Die Stellung der Frau in der Schweiz,*
Teil I: *Gesellschaft und Wirtschaft* (1979), Teil II: *Biographien und Rollennorm* (1982), Teil IV: *Frauenpolitik* (1984).

Dies.: *Frauen und Männer: Fakten, Perspektiven Utopien (1987).*

Dies.: *Neue Technologien und Frauenarbeitsplätze* (1988).

Dies.: *Nehmen Sie Platz, Madame.* Die politische Repräsentation der Frauen in der Schweiz (1990).

Dies.: *Jurististische Auswirkungen des neuen Eherechts* (1991).
(= Berichte der Eidgenössischen Kommission für Frauenfragen, Eidgenössische Materialverwaltung Bern.

emanzipation, Zeitschrift der Organisation für die Sache der Frau (Ofra), Nr. 9/85, 4/87, Basel.

Ernst, Cécile/von Luckner, Nickolaus: *Stellt die Frühkindheit die Weichen?* Eine Kritik an der Lehre von der schicksalshaften Bedeutung erster Erlebnisse. Forum der Psychiatrie, N. F. 23, Stuttgart 1985.

Erpen, Heinrich: *Die Sucht mager zu sein.* Der Kampf mit dem eigenen Körper, Zürich 1990.

Eschenröder, Christof T.: *Hier irrte Freud.* Zur Kritik der psychoanalytischen Theorie und Praxis, München 1989.

Fester, Richard/König, Marie E./Jonas, Doris F./Jonas, A. David: *Weib und Macht*. Fünf Millionen Jahre Urgeschichte der Frau, Frankfurt a.M. 1979.

Feuersenger, Marianne: *Die garantierte Gleichberechtigung*. Ein umstrittener Sieg der Frauen, Freiburg 1980.

Fitoussi Michèle: *Zum Teufel mit der Superfrau*. Die Sucht nach Perfektion, München 1991.

Flitner, Andreas: *Konrad, sprach die Frau Mama...* Über Erziehung und Nichterziehung, München 1985.

Frauenfachgruppe für ganzheitliche Bildung (Hrsg.): *A(e)chtung Mädchen*. Für ein sexismusfreies Schulwesen, Basel 1990.

Frazer, James George: *The New Golden Bough*. A Study in Magic and Religion. London 1920.

Frazier, Nancy/Sadker, Myra: *Sexism in School and Society*, New York 1973.

Friedan, Betty: *Der Weiblichkeitswahn oder die Selbstbefreiung der Frau*. Ein Emanzipationskonzept, Reinbek 1966.

Fthenakis, Wassilios E.: *Väter*, Band I: *Zur Psychologie der Vater-Kind-Beziehung*; Band II: *Zur Vater-Kind-Beziehung in verschiedenen Familienstrukturen*, München-Wien-Baltimore 1985.

Galling, Kurt (Hrsg.): *Die Religion in Geschichte und Gegenwart*. Handwörterbuch für Theologie und Religionswissenschaft, Tübingen 1960.

Garaudy, Roger: *Das schwache Geschlecht ist unsere Stärke*. Für die Feminisierung der Gesellschaft, Olten 1982.

Genzeit. Die Industrialisierung von Pflanze, Tier und Mensch. Ermittlungen in der Schweiz, Zürich 1987.

Gerhard, Ute: *Verhältnisse und Verhinderungen*. Frauenarbeit, Familie und Rechte der Frauen im 19. Jahrhundert. Mit Dokumenten, Frankfurt a.M. 1978.

Gerhardt, Uta/Schütze, Yvonne: *Frauensituation*. Veränderungen in den letzten zwanzig Jahren, Frankfurt a.M. 1988.

Geschichte und Gesellschaft. Zeitschrift für historische Sozialwissenschaft, 1. Jg., Heft 2/3, Göttingen 1975.

Goldhor-Lerner, Harriet: *Wohin mit meiner Wut*. Neue Beziehungsmuster für Frauen, Zürich 1987.

Griffin, Susan: *Frau und Natur*. Das Brüllen in ihr, Frankfurt a.M. 1987.

Gross, Zenith H.: *Und Du dachtest schon, es ist vorbei*. Mütter und ihre erwachsenen Kinder, München 1988.

Grossenbacher, Silvia: *Familienpolitik und Frauenfrage in der Schweiz*, Zürich 1987.

Groult, Benoîte: *Ödipus' Schwester*. Zorniges zur Macht der Männer über Frauen, München 1985.

Grüne im Bundestag (Hrsg.): *Wo liegt der Frauen Glück?* Neue Wege zwischen Beruf und Kindern, AK Frauenpolitik, Köln 1988.

Gümpel, Udo: *Versorgungsausgleich im Scheidungsfall*. Ein Ratgeber mit den gesetzlichen Neuregelungen, Frankfurt a.M. 1988.

Gujer, Lotti/Hunziger, Edith/Hungerbühler, Ruth: »Basler Frauenuntersuchung«. In: *Social Strategies*, Vol. 15, Universität Basel 1982.

Haller, Gret: *Frauen und Männer*, Gümligen 1980.

Dies.: *Streitbare Friedfertigkeit*. Wie wir politisch miteinander umgehen, Gümligen 1987.

Hausen, Karin (Hrsg.): *Frauen suchen ihre Geschichte*. Historische Studien zum 19. und 20. Jahrhundert, München 1987.

Dies.: *Die Polarisierung der Geschlechtscharaktere*, Stuttgart 1976.

Heitkamp, Hermann: *Heime und Pflegefamilien – konkurrierende Erziehungshilfen?* Entwicklungsgeschichte, Strukturbedingungen, gesellschaftliche und sozialpolitische Implikationen, Neuwied 1989.

Held, Thomas/Levy, René: *Die Stellung der Frau in Familie und Gesellschaft*, Zürich ²1983.

Hellmich, Andrea: *Frauen zwischen Familie und Beruf*. Eine Untersuchung über Voraussetzungen und Nutzen einer Berufskontaktpflege von Frauen in der Familienphase; Schriftenreihe des Bundesministeriums für Jugend, Familie, Frauen und Gesundheit, Band 184, Stuttgart 1986.

Hemminger, Hansjörg: *Kindheit als Schicksal?* Die Folgen frühkindlicher seelischer Verletzungen, Reinbek 1986.

Hömberg, Ehrentraud: *Sind Mütter an allem schuld?* Tele-Manuskript. Zur Hörfunkreihe des Bayerischen Rundfunks, Nr. 30 218, 1990.

Höpflinger, François/Erni-Schneuwly, Denise (Hrsg.): *Weichenstellungen*. Lebensformen im Wandel und Lebenslage junger Frauen, Bern 1989.

Holmsten, Georg: *Jean-Jacques Rousseau*, Reinbek 1972.

Honegger, Claudia/Heintz, Bettina (Hrsg.): *Listen der Ohnmacht*. Zur Sozialgeschichte weiblicher Widerstandsformen, Frankfurt a.M. 1984.

Horney, Karen: *Die Psychologie der Frau*, Frankfurt a.M. 1987.

Huber, Michaela/Bussfeld, Barbara (Hrsg.): *Blick nach vorn im Zorn*. Die Zukunft der Frauenarbeit, Weinheim/Basel 1985.

Hungerbühler, Ruth: *Unsichtbar – unschätzbar*. Haus- und Familienarbeit am Beispiel der Schweiz, Zürich 1988.

Imhof, Arthur E.: *Die gewonnenen Jahre*. ›Von der Zunahme unserer Lebensspanne seit dreihundert Jahren‹ oder ›von der Notwendigkeit einer neuen Einstellung zu Leben und Sterben‹. Ein historischer Essay, München 1981.

Initiative kritischer Psychologen und Psychologinnen: *Frauen & Psychologie III*. Psychologie & Gesellschaftskritik, Heft 49/50. Oldenburg 1989.

Interdisziplinäre Forschungsgruppe Frauenforschung (Hrsg.): *LA MAMMA*. Beiträge zur sozialen Institution Mutterschaft, Köln 1989.

Jahrbuch der Schweizerfrauen, 1. und 2. Jahrgang, 1915 und 1916, Bern 1915.

Janssen-Jurreit, Marielouise: *Sexismus*. Über die Abtreibung der Frauenfrage, München 1978.

Joris, Elisabeth/Witzig, Heidi: *Frauengeschichte(n)*. Dokumente aus zwei Jahrhunderten zur Situation der Frauen in der Schweiz, Zürich 1986.

Kestenholz, Salomé: *Die Gleichheit vor dem Schafott*. Porträts französischer Revolutionärinnen, Frankfurt a.M. 1988.

Kongreß-Protokoll 1989 des »European Network for School-Age Childcare« (ENSAC), Florenz 1989.

Kontos, Silvia/Walser, Karin: *... weil nur zählt, was Geld einbringt*. Probleme der Hausfrauenarbeit, Offenbach 1979.

Kors, A. C./Peters, E.: *Witchcraft in Europe: 1100-1700*, Philadelphia 1972.

Kuckuck, Antje/Wohlers, Heide (Hrsg.): *Vaters Tochter*. Von der Notwendigkeit, den Frosch an die Wand zu werfen, Reinbek 1988.

Kursbuch 76: Die Mütter, Berlin 1984.

Lacoste-Dujardin, Camille: *Mütter gegen Frauen*. Mutterherrschaft im Maghreb, Zürich 1990.

Lange, Helene/Bäumer, Gertrud (Hrsg.): *Handbuch der Frauenbewegung*. Die Geschichte der Frauenbewegung in den Kulturländern I. Teil, Berlin 1901.

Lazarre, Jane: *Der Mutterschaftswahn*. Ein autobiographischer Bericht, München 1991.

LeGoff, Jacques: *Der Mensch des Mittelalters*, Frankfurt a.M. 1989.

Lewis, Charlie: *Becoming a father*, Oxford 1986.

Leyrer, Katja: *Hilfe! Mein Sohn wird ein Macker*, Frankfurt a.M. 1988.

Dies.: *Rabenmutter – na und?* Essays und Interviews, Reinbek 1989.

Lohmeyer, Walther: *Das Lebensbuch der Frau*, Olten o. J.

Lüscher, Kurt: Vortrag am Zürcher Forum für die Frau, Januar 1989.

Lüscher, Kurt/Schultheis, Franz/Wehrspaun, Michael (Hrsg.): *Die ›postmoderne‹ Familie*. Familiale Strategien und Familienpolitik in einer Übergangszeit, Konstanz 1988.

Mäder, Ueli: *Frei-Zeit*. Fantasie und Realität, Zürich 1990.

Mahler, Margaret S./Pine, Fred/Bergman, Anni: *Die psychische Geburt des Menschen*. Symbiose und Individuation, Frankfurt a.M. 1980.

Malinowski, Bronislaw: *Geschlecht und Verdrängung in primitiven Gesellschaften*, Heidelberg [6]1984.

Matthiae, Astrid: *Vom pfiffigen Peter und der faden Anna*. Zum kleinen Unterschied im Bilderbuch, Frankfurt a.M. 1986.

Mayreder, Rosa: *Zur Kritik der Weiblichkeit*, München 1982.

Medick, Hans/Sabean, David (Hrsg.): *Emotionen und materielle Interessen*. Sozialantropologische und historische Beiträge zur Familienforschung, Göttingen 1984.

Meier-Seethaler, Carola: *Ursprünge und Befreiungen*. Eine dissidente Kulturtheorie, Zürich 1988.

Miles, Rosalind: *The Women's History of the World*, Glasgow 1989.

Miller, Alice: *Das Drama des begabten Kindes und die Suche nach dem wahren Selbst*, Frankfurt a.M. 1979.

Dies.: *Der gemiedene Schlüssel*, Frankfurt a.M. 1988.

Millett, Kate: *Sexus und Herrschaft*. Die Tyrannei des Mannes in unserer Gesellschaft, Hamburg 1985.

Mitscherlich, Margarete: *Das Ende der Vorbilder*. Vom Nutzen und Nachteil der Idealisierung, München 1978.

Dies.: *Die friedfertige Frau*. Eine psychoanalytische Untersuchung zur Aggression der Geschlechter, Frankfurt a.M. 1985.

Dies.: *Über die Mühsal der Emanzipation*, Frankfurt a.M. 1990.

Dies.: *Die Zukunft ist weiblich*, Zürich 1987.

Möbius, Paul J.: *Über den physiologischen Schwachsinn des Weibes*, München 1977.

Muchembled, Robert: *Kultur des Volks – Kultur der Eliten*. Die Geschichte einer erfolgreichen Verdrängung, Stuttgart 1982.

Mulack, Christa: *Natürlich weiblich*. Die Heimatlosigkeit der Frau im Patriarchat, Stuttgart 1990.

Oakley, Ann: *Soziologie der Hausarbeit*, Frankfurt a.M. 1978.

Österreichischer Arbeiterkammertag: *Elternberufstätigkeit und Kindesentwicklung*. Entwicklungspsychologische Determinanten und Konsequenzen des Frauenerwerbsverhaltens im Arbeitnehmermilieu, Wien 1988.

Oliver, Christiane: *Jokastes Kinder*. Die Psyche der Frau im Schatten der Mutter, Düsseldorf 1987.

Opitz, Claudia: *Frauenalltag im Mittelalter*. Biographien des 13. und 14. Jahrhunderts, Band 5, Weinheim [3]1991.

Ostner, Ilona: *Beruf und Hausarbeit*. Die Arbeit der Frau in unserer Gesellschaft, Frankfurt a.M. 1978.

Pegis, A. C. (Hrsg.): *Basic Writings of St. Thomas Aquinas*, New York 1948.

Perera, Sylvia Brinton: *Der Sündenbock Komplex*. Die Erlösung von Schuld und Schatten. Zur Psychologie eines dunklen Archetypus, Interlaken 1987.

Pesenti, Yvonne: *Beruf: Arbeiterin*. Soziale Lage und gewerkschaftliche Organisation der erwerbstätigen Frauen aus der Unterschicht in der Schweiz 1890-1914, Zürich 1988.

Pilgrim, Volker E.: *Muttersöhne*, Reinbek 1989.

Pittner, Ulrike/Hess, Regula/Gessler, Verena/Friedli, Sigi: *Wo die wilden Mädchen wohnen*. Auswahl nichtsexistischer Bilderbücher, Basel 1980.

Praxis der Psychotherapie und Psychosomatik, Band 34, Heft 3, Mai 1989.

Prodolliet, Simone: *Wider die Schamlosigkeit und das Elend der heidnischen Weiber*. Die Basler Frauenmission und der Export des europäischen Frauenideals in die Kolonien, Zürich 1987.

Psychologie heute, August 1991.

Psychologie heute Spezial, Frauen, Heft 2/90.

Pusch, Luise F.: *Feminismus: Inspektion der Herrenkultur*. Ein Handbuch, Frankfurt a.M. 1983.

Rerrich, Maria S.: *Balanceakt Familie*. Zwischen alten Leitbildern und neuen Lebensformen, Freiburg 1988.

Richter, Ursula: *Die Rache der Frauen*. Formen weiblicher Selbstbehauptung, Zürich 1991.

Roecken, Sully/Brauckmann, Carolina: *Margaretha Jedefrau*, Freiburg 1989.

Roman Gallese, Liz: *Von den Folgen des Erfolgs*. Gespräche mit Spitzen-Managerinnen, Reinbek 1986.

Rommelspacher, Birgit (Hrsg.): *Weibliche Beziehungsmuster*. Psychologie und Therapie von Frauen, Frankfurt a.M. 1987.

Rosenbaum, Heidi: *Formen der Familie*, Frankfurt a.M. 1982.

Rosenbaum, Heidi (Hrsg.): *Seminar: Familie und Gesellschaftsstruktur*. Materialien zu den sozioökonomischen Bedingungen von Familienformen, Frankfurt a.M. 1978.

Ross, Anne: *Pagan Celtic Britain*, New York 1967.

von Roten, Iris: *Frauen im Laufgitter*. Offene Worte zur Stellung der Frau, Zürich-Dortmund [2]1991.

Roth, Karin u.a.: *Träumen verboten*. Gewerkschaftliche Frauenpolitik für die 90er Jahre, Hamburg 1984.

Rotter, Lillian: *Sex-Appeal und männliche Ohmacht*. Psychoanalytische Schriften, Freiburg 1989.

Rousseau, Jean-Jacques: *Emile oder über die Erziehung*, Paderborn [9]1989.

Rowbotham, Sheila: *The Past is before us*, Bungay 1989.

Ryffel-Gericke, Christiane: *Männer in Familie und Beruf*. Eine empirische Untersuchung zur Situation Schweizer Ehemänner, Zürich 1983.

Scarr, Sandra: *Wenn Mütter arbeiten*. Wie Kinder und Beruf sich verbinden lassen, München 1988.

Schachtner, Christel: *Störfall Alter*. Für ein Recht auf Eigen-Sinn, Frankfurt a.M. 1988.

Schenk, Herrad: *Die feministische Herausforderung*. 150 Jahre Frauenbewegung in Deutschland, München [5]1990.

Schlaeger, Hilke (Hrsg.): *Die Herren der Dinge*. Vom neuen alten Männlichkeitswahn, München 1987.

Schmidt, Ulrich: *Wahlfamilie*. Die ›Wohngemeinschaft jung und alt‹ – ein Modell für das Wohnen von morgen, Zürich 1990.

Schönberger, Margit: *Rettet uns den Mann!* Ein Leitfaden für Frauen, die auf eigenen Füßen stehen und dennoch in Männerarmen liegen wollen, München 1982.

Schütze, Yvonne: *Die gute Mutter*. Zur Geschichte des normativen Musters ›Mutterliebe‹, Bielefeld 1986.

Schwarzer, Alice: *Der ›kleine‹ Unterschied und seine große Folgen*. Frauen über sich – Beginn einer Befreiung, Frankfurt a.M. 1977.

Dies.: *Lohn: Liebe*. Zum Wert der Frauenarbeit, Frankfurt a.M. 1973.

Schweizerische Zeitschrift für Volkswirtschaft und Statistik, 98 (1961).

Segal, Lynne: *Ist die Zukunft weiblich?* Probleme des Feminismus heute, Frankfurt a.M. 1989.

Shorter, Edward: *Der weibliche Körper als Schicksal*. Zur Sozialgeschichte der Frau, München 1984.

Sichtermann, Barbara: *Vorsicht Kind*. Eine Arbeitsplatzbeschreibung für Mütter, Väter und andere, Berlin 1982.

Siebenschön, Leona: *Mutter & Tochter*. Psychodrama und Liebesgeschichte, München 1988.

Sollwedel, Inge: *Neue Männer für die neuen Frauen?* Männer über Geld, Haushalt, Kinder, Liebe und die Karriere ihrer Frauen, Reinbek 1984.

Sozialwissenschaftliche Forschung und Praxis für Frauen: *Neue Heimat Therapie*. Beiträge zur feministischen Theorie und Praxis, Nr. 17, Köln 1986.

Dies.: *Mamalogie.* Beiträge zur feministischen Theorie und Praxis, Nr. 21/22, Köln 1988.

St. Galler Tagblatt, 6.1.1988/17.9.1988/20.9.1990.

Stalmann, Franziska: *Die Schule macht die Mädchen dumm.* Die Probleme mit der Koedukation, München 1991.

Stettbacher, J. Konrad: *Wenn Leiden einen Sinn haben soll.* Die heilende Begegnung mit der eigenen Geschichte, Hamburg 1990.

Stingelin, Christine: *Der Wandel in der Familie.* Unveröffentlichtes Manuskript, Basel 1982.

Studie Schweizerischer Frauenorganisationen (BSF) und des Betriebswirtschaftlichen Instituts, ETH, Zürich 1989.

Swigart, Jane: *Von wegen Rabenmutter.* Die harte Realität der Mutterliebe, München 1991.

Tagesanzeiger, 9.1.1990. Zürich 1990.

Thürmer-Rohr, Christina: *Vagabundinnen.* Feministische Essays, Berlin 1987.

Tufte, Virginia/Myerhoff, Barbara: *Changing Images of The Family*, Yale University 1979.

Urdze, Andrejs/Rerrich, Maria S.: *Frauenalltag und Kinderwunsch.* Motive von Müttern für oder gegen ein zweites Kind, Frankfurt a.M. 1981.

Utrio, Kaari: *Evas Töchter.* Die weibliche Seite der Geschichte, Hamburg 1987.

Wecker, Regina: *Frauen in der Schweiz.* Von den Problemen einer Mehrheit. Materialien zur Geschichte und Politik in der Schweiz, Zug 1983.

Wecker, Regina/Schnegg, Brigitte: *Frauen.* Zur Geschichte weiblicher Arbeits- und Lebensbedingungen in der Schweiz; Sonderausgabe von Vol. 34, 1984, Nr. 3 der Schweizerischen Zeitschrift für Geschichte, Basel 1984.

Weedon, Chris: *Wissen und Erfahrung.* Feministische Praxis und poststrukturalistische Theorie, Zürich 1990.

Weltwoche, Zürich Nr. 28/1991 und vom 12.4.1990.

Wiegmann, Barbelies: *Ende der Hausfrauenehe.* Plädoyer gegen eine trügerische Existenzgrundlage, Reinbek 1984.

Wiener Historikerinnen (Hrsg.): *Die ungeschriebene Geschichte.* Historische Frauenforschung, Band 3, Himberg bei Wien 1984.

Dies.: *Die ungeschriebene Geschichte.* Historische Frauenforschung, Dokumentation des 5. Historikerinnentreffens, Wien 1984.

Zeitschrift für Entwicklungspsychologie und Pädagogische Psychologie, Band XX, Heft 2, 1988.

Hilfreiche Kontaktadressen für Mütter

Deutschland

Informationsdienst des Forschungsinstituts Frau und Gesellschaft
Goethestr. 29
W-3000 Hannover 1
(Neueste Ergebnisse aus der Familien- und Frauenforschung)

»Eltern helfen Eltern«
Vorsitzender: Konrad Schmidt
Brieseweg 1a
O-3077 Lehnitz
Tel.: 0 37 34/30 77

Mütterbüro Niedersachsen
Erikastr. 11
W-3320 Salzgitter
Tel.: 0 53 41/39 21 21

Mütterzentren Bundesverband
e.V.
Erikastr. 11
W-3320 Salzgitter
(verschickt Adressenlisten sämtlicher Mütterzentren bzw. -initiativen; berät Frauen, die ein Zentrum aufbauen wollen)

Bundesverband für Eltern, Pflegeeltern und Tagesmütter e.V.
Tagesmütter in Meerbusch e.V.
Renate Schymik
Mühlenstr. 3
W-4005 Meerbusch 3
Tel.: 0 21 50/58 70

Bundeszentrale für gesundheitliche Aufklärung
Ostmerheimer Str. 200
W-5000 Köln 91
(Information über Gesundheit und Entwicklung des Kindes)

Bundesverband Neue Erziehung
e.V.
Oppelner Str. 130
W-5300 Bonn 1
(betr. Elternselbsthilfegruppen und Elterninitiativen)

Deutscher Frauenrat
Südstr. 125
W-5300 Bonn 2
(Bundesvereinigung dt. Frauenverbände/Dachorg. für rechtl.-polit. Interessen von Frauen)

Verband Alleinstehender Mütter und Väter e.V. (VAMV)
Von-Groote-Platz 20
W-5300 Bonn 2

Hessisches Mütterbüro
Bahnstr. 39
W-6070 Langen
(vernetzt die Arbeit der Mütterzentren, vermittelt Kontakte, macht Fortbildungen)

Arbeitsgemeinschaft Freier Stillgruppen Bundesverband e.V.
Postfach 31 11 12
W-7500 Karlsruhe 31